津市社会科学界联合会资助项目
津市社会科学普及周用书

世界文明之旅

谈判与交流

踏上世界文明的旅途，沿路无论是古老质朴的城堡，还是旧迹斑驳的古寺，无论是神圣肃穆的教堂，还是残垣断壁的园林，任何事无论是繁华一世还是至今喧嚣，都彰显着属于它的那个时代的辉煌。在这里，所有的一切无不将人们带入人类文明的殿堂，无不成为类历史上最辉煌的篇章。

主编：徐勇

天津出版传媒集团

天津科技翻译出版有限公司

图书在版编目（CIP）数据

谈判与交流 / 徐勇主编 . —天津：天津科技翻译出版有限公司，2010. 10
（2021.6 重印）
（世界文明之旅）

ISBN 978-7-5433-2793-1

Ⅰ. ①谈… Ⅱ. ①徐… Ⅲ. ①外交史—世界 Ⅳ. ① D819

中国版本图书馆 CIP 数据核字（2010）第 181087 号

世界文明之旅：谈判与交流

出　　版： 天津科技翻译出版有限公司
出 版 人： 刘子媛
地　　址： 天津市南开区白堤路 244 号
邮　　编： 300192
电　　话：（022）87894896
传　　真：（022）87895650
网　　址： www.tsttpc.com
印　　刷： 永清县晔盛亚胶印有限公司
发　　行： 全国新华书店
版本记录： 787 × 1092mm　16 开本　15 印张　130 千字
2010 年 10 月第 1 版　2021 年 6 月第 3 次印刷
定价：45. 00 元

序

随着经济社会的快速发展，社会需求和人的发展需要在不断增强，人们对人文社会科学的兴趣越发浓厚，要求也越来越高。把深奥的科学理论转化为易于公众理解和接受的文化知识，形成通俗易懂的科普读物，对于学习普及科学理论，丰富精神文化生活，提高公民素质，构建和谐社会以及促进人的全面发展都具有重要的现实意义。

每个民族的文明都是世界文明的重要组成部分。因此，学习世界各国、各地区的历史文化，了解它们的社会政治、经济生活、军事战争、思想宗教、科学技术、文学艺术、国际关系等各类知识，会是一种良好的文化熏陶和文化借鉴。

作为一部历史学科的科普读物，于2008年出版的《新编世界史话》，打破了普通教材按年代叙事的编纂体例，在相当程度上丰富和补充了现行教材上世界史知识的不足，其内容涵盖了从上古时代至第二次世界大战结束时世界各国最杰出的人物、最重大的事件和最突出的成就。根据人类社会生活的不同侧面构设专题，也突出了人们普遍关心的热点问题。该书运用通俗简洁的语言，平实质朴的风格，使读者在阅读每个短小精炼的故事中，了解世界历史发展的主要趋势和重要线索，应该是一部值得重视和推介的好书。

《世界文明之旅》出自《新编世界史话》的主编徐勇及其他一批知名专家学者之手，是《新编世界史话》的再版，它文风朴实，形式新颖，深入浅出。作者充分吸收最新历史资料和研究成果，把握内容的知识性、文字的通俗性和整体的可读性，选配典型生动的图片和说明，为我们展现出一部图文并茂、雅俗共赏的作品。

作为天津市社会科学界联合会支持的科普项目和天津市第八届社会科学普及周用书，《世界文明之旅》7 册系列丛书由天津科技翻译出版公司出版，天津市社会科学界联合会资助。主编徐勇和数十位学者为再版这套科普读物倾注了大量心血，听取了有关方面的意见，在保持原有风格和内容的同时，精心修改，力求出新。全书不仅按政治、经济、军事、科技、文艺、思想、外交等各领域独自成卷，而且突出了知识要点的描述，并附以大量插图，版式也更加灵活，以适合青少年和广大大众读者的需求，使他们在阅读和欣赏过程中得到知识的补充和精神的享受。希望《世界文明之旅》系列丛书，能在弘扬优秀文化、普及历史知识、提高公民素质等方面发挥积极的促进作用。

是为序。

李家祥

2010 年 7 月 2 日

目　录

1. 西方文明第一次大规模向外扩张

——大殖民运动

公元前 9 世纪,人口膨胀已成为古希腊各城邦面临的一个严峻的社会问题。当时的希腊半岛在政治上正处在一个关键的转折时期。大量失去土地的平民对贵族寡头的统治越来越不满,而富有进取心的商人和手工业者也渴望寻找新的发财机会。另外,北方彪悍的多利亚人携弓南下,迫使希腊北部人口大规模南迁,也进一步加剧了希腊半岛的人口压力。西方历史上第一次大规模的海外殖民运动就是在这种情况下开始的。

首先走上海外殖民道路的是小亚细亚爱琴海沿岸的希腊城邦,而爱琴海诸岛和希腊半岛上的城邦也不甘落后。殖民运动中最活跃者要数小亚细亚的米利都、希腊半岛上的科林斯和卡尔西斯这些手工业和商业比较发达的城邦。大殖民运动大致沿东北部、西部和南部三个方向展开。在东北部,希腊城邦沿黑海南岸和西岸以及土耳其海峡星罗棋布地建立了许多殖民地。拜占庭(今土耳其的伊斯坦布尔)就建于这一时期。在西部,殖民者的落脚点主要在今希腊半岛的西北部、意大利南部、法国南部和西班牙的西北部。著名的叙拉古城邦即位于西西里岛上。在南部,由于受到强大的腓尼基人(活跃在

> **知识链接**
>
> 殖民,就是把本邦的部分居民迁移到国外甚至海外某地。在公元前8～前6世纪,希腊人除建成了自己的城邦,还进行了大规模的海外殖民活动,建立了许多新的殖民城市。历史上称之为“大殖民”。

今巴勒斯坦沿海一带）和埃及人的制约，殖民活动仅限于埃及和埃及以西的北非部分沿海地区，所建殖民地也寥寥无几。

有趣的是，在大殖民运动中还存在着一个“二次殖民”的问题，即有些殖民地也加入到拓殖行列中来。比如，尼亚波罗（今意大利南部城市那不勒斯的雏形）就是由一个名叫库迈的殖民地建立的。到公元前 6 世纪大殖民运动基本结束时为止，共有 44 个城邦或殖民地参与了这场大规模的海外殖民运动，它们至少建立了 139 个殖民地。各殖民地与母邦在政治上是完全独立的，但在军事上和经济上往往是互相支持的。母邦的政治制度经常会在殖民地被沿用，经济和贸易上的往来则始终是联系各殖民地与其母邦的主要纽带。商人将希腊半岛的橄榄油、葡萄酒、珠宝等运到殖民地，再从殖民地载回食物和原料，从中牟取暴利。

大殖民运动规模之大、范围之广、影响之深远，在古代世界是罕见的，它为希腊城邦制度能够顺利地度过危机创造了有利的条件。大殖民运动也造就了一个新兴的富有的平民阶层，他们将在希腊各城邦民主化进程中发挥关键作用。尽管希腊殖民者对所到之处的土著部落居民进行了野蛮残酷的掠夺、驱逐、奴役和屠杀，但它在客观上也加速了当地部落经济和氏族制度的解体，促进了地中海以及周边地区各文明之间的沟通和相互交融，从而为环地中海区域各文明的进一步发展注入了新的血液。

2. 第一个地跨亚非欧的大帝国

——古代波斯帝国的兴亡

波斯人是中亚一支说印欧语的部族。公元前20世纪中后期，波斯人进入伊朗高原，定居在高原的西南部。公元前7世纪，邻近的米底王国逐渐强大起来，而波斯人还处在原始社会的解体时期，不久波斯人便臣服于米底王国。公元前6世纪初，处于米底人统治之下的波斯人开始进行反抗。在与米底王国的斗争中，波斯人的氏族社会逐渐解体。一些部落逐渐强大起来，其中最强大的就是阿黑门尼德部落。阿黑门尼德部落先后产生了三个最有名的领导人，他们把波斯历史推向了顶峰。

第一个是波斯王国的建立者居鲁士二世（前559—前527年），他趁米底王国发生内乱之机带领波斯人经过三年的斗争，于公元前550年消灭了米底王国。从此产生了波斯王国，并建立了阿黑门尼德王朝。国家建立后，居鲁士开始对外扩张。公元前546年灭掉了吕底亚，公元前539年征服了巴比伦，随后征服了爱琴海东岸小亚细亚的希腊城邦。波斯王国的版图囊括了西亚的大部分地区。

第二个是居鲁士的儿子冈比西斯。冈比西斯继承父业，继续向西进军，于公元前525年征服埃及，建立了地跨亚非的大帝国。

第三个是大流士。大流士联合阿黑门尼德部落的其他六个贵族，镇压了国内叛乱，在波斯建立了君主专制制度，自称为王。大流士上台后，继续发动战争，往东征服了中亚和印度河流域，往西

居鲁士二世

则占领了爱琴海北岸的一些希腊城市,并继续向北进攻黑海边的斯基泰人。于是世界历史上第一个地跨亚非欧三大洲的大帝国在大流士统治期间形成了。大流士为了彰显他的功绩,用古波斯、埃兰、阿卡德语三种楔形文字把其战功刻在悬崖峭壁上,史称“贝希斯吞铭文”。

在波斯庞大的帝国里,各地区生产力发展很不平衡,波斯帝国原有的组织机构不能适应这种情况。于是,为了加强君主专制统治,巩固波斯人对各被征服地区的统治,大流士进行了改革:①划分行省。为加强中央集权和君主专制,大流士把整个帝国划分为20个行省。各行省的总督和军事长官都由国王派任,他们直接对国王负责。国家的行政权、司法权都由国王控制。②军事上,把全国分成五大军区,军区设司令,各省还有驻防的军事长官。军事长官的任免权、军队的调动权都掌握在国王手中。同时,国王还控制了一支近卫军。③经济上,最重要的措施是统一货币。规定只有王室铸造的金币才能通行全国,各个行省只能铸造银币,且只能在本行省内流通。④修建驿道。为了加强中央与地方的联系,大流士继承赫

知识链接

在王位坐稳以后,大流士为自己树立了一个石碑,上面大言不惭地刻写道:“叙斯塔斯帕之子大流士,由于他的马和他的马夫欧伊巴雷的功绩,赢得了波斯帝国。”

梯和亚述帝国的驿道制度，在帝国境内修筑若干驿路，形成以帝国的三个都城（其发源地波斯的波利斯、原米底首府爱克巴坦尼、原埃兰首府苏撒）为核心的四通八达的驿路网。其中最长的一条是“御路”，从苏撒直通到小亚细亚细岸的以弗所，全长 2 400 千米，每隔 25 千米设一驿站。

大流士接受供物的浮雕

大流士的改革加强了西亚、北非各地区之间的经济联系与文化交流，对稳固帝国统治起了一定的积极作用。然而强大的帝国表面却掩盖不了内部的深刻矛盾。奴隶对奴隶主、平民对贵族以及被征服地区人民对统治者的反抗斗争不断发生，国内政局动荡不安。公元前 4 世纪后期，希腊北方的马其顿王国兴起。公元前 334 年，希腊联合马其顿国王亚历山大为了报复 150 年前希波战争中波斯对希腊的无理侵略而大举侵入波斯境内。公元前 330 年，波斯被亚历山大所灭。从此，波斯人 200 多年建立的伟业消失于历史的地平线上。

3. 地中海的霸主

——古代罗马共和国

历史学家把古代罗马的历史主要分为两个时期,即共和国时期和帝国时期。共和国时期开始于公元前 509 年,以推翻埃特鲁斯坎王朝作为起点,终结于屋大维称帝(公元前 27 年),前后近 500 年的时间。

古罗马文明的发源地和中心区是意大利。公元前7~前6世纪,位于意大利北部和南部的埃特鲁斯坎人不断扩张领土,占领了意大利,控制了罗马的君主政权。公元前6世纪末,拥有土地的古罗马贵族推翻了埃特鲁斯坎君主,建立了罗马共和国。

罗马共和国时期的元老院会议

在共和国的初期,宗教就是这个国家的法律,掌握着教义解释权的古罗马贵族借此巩固他们的统治。公元前 5 世纪初,罗马共和国政府是由两个执政官、"百人团会议"以及元老院组成的。执政官来自贵族阶层,平时有行政权、司法权,战时指挥军队;"百人团会议"是全体成年男子参加的人民大会,形式上是最高立法机关,实际上受元老院控制。当时的政府实际上由贵族操纵着。

知识链接

“十二铜表法”包括债务法、继承法、婚姻法以及诉讼程序等各个方面，基本上是罗马人传统习惯法的汇编，表现出维护贵族和富裕平民利益的倾向。

“十二铜表法”体现出古代罗马人的法治精神和奴隶制国家的本质特点。

“十二铜表法”就是罗马成文法的开端。

贵族的统治引起社会下层平民的反对。主要是债务奴隶制、法庭上的差别待遇、禁止与贵族通婚、缺乏政治代表、没有成文的法律规则等。为此，平民组织并进行了争取政治、法律和社会平等的斗争。随着平民运动的深入，贵族逐步通过法律的形式来给予平民一定的权利。公元前 5 世纪初，平民赢得了成立他们自己的议会（平民会议，扩大后称“部落会议”）的权利。该议会可以选举出被称为“保民官”的官员，他们被授权去保护平民的权利。大约公元前 450 年，第一部成文的罗马法规被制定出来，即“十二铜表法”。法律的颁布，在一定程度上保护了平民，暴虐的贵族官吏再也不能随心所欲地解释习惯法和欺压平民了。此后，平民还争取到了贵族在其他方面的让步，包括与贵族通婚的权利，准许进入国家最高的政治、司法等部门供职的权利。债务奴隶制的取消，使平民避免了因为债务变成奴隶的厄运，也迫使奴隶主对外扩张，以便通过战争的办法解决对奴隶的需求。

历时 200 年的等级斗争使罗马人逐渐构想出一套基于公民需要而不是基于宗教神秘的立宪体系。法律体系的确立，稳定了共和国内部的局势，有利于罗马共和国的对外扩张。正如史书所载：“若没有公民之间的融洽和稳定的国内局势，罗马是不可能实现其扩张的。”

罗马扩张的第一阶段是统一意大利半岛。那些被征服的意大利半岛上的部落、城邦和民族成为罗马最早的一批同盟者，这为罗马的扩张提供了人力、物力和财力,罗马由城邦很快变为一个强国。罗马的扩张和对外殖民导致了与迦太基的冲突。迦太基是当时地中海上的一个强国,商业发达,船队遍及地中海沿岸的每一个角落,是罗马称霸之前的地中海霸主。罗马最终战胜了迦太基,取得了在地中海西部的霸权。此后,罗马又征服了西方文明的发源地希腊。这样罗马就成为地中海地区一个无可匹敌的强国。

疆域扩大的同时也孕育着共和国的危机。为了镇压各地的反抗,罗马需要一双铁腕,共和制显然不能满足需要。公元前 30 年,屋大维自称"元首",建立了军事独裁的君主专制政权,罗马共和国灭亡,罗马进入帝国时代。这种用共和制的外衣掩盖的君主制,被称为元首政治。公元前 27 年,屋大维获得元老院赠予的"奥古斯都"尊号。罗马帝制全面建立,而屋大维就是开创朱里亚·克劳狄王朝的第一个皇帝。

4. 希腊内战

——伯罗奔尼撒战争

伯罗奔尼撒战争是公元前5世纪后半期发生在希腊的两个最大的城邦——斯巴达与雅典之间争夺霸权的战争，它给希腊人数百年来认为是“惟一适宜的政体”——城邦以沉重的打击。

公元前6世纪，希腊各城邦先后形成国家。城邦就是以一个城市为中心，把周围的农村联合起来，组成一个小国家，即所谓的“城邦国”。其中最强大最著名的两个城邦是斯巴达与雅典。斯巴达和雅典有着迥然不同的政治经济制度，又分属于两个重要同盟——伯罗奔尼撒同盟与提洛同盟，这就为以后的战争埋下隐患。

斯巴达位于伯罗奔尼撒半岛的南部，土地肥沃，盛产粮食，但工商业尤其是海上贸易并不发达。斯巴达奉行君主制，权力属于由两个国王和28个长老组成并受5个监督官监督的长老会议。斯巴达人崇尚军国主义，军事训练和战争成为他们重要的生活内容，每个斯巴达人只需学会一种技艺——军事。斯巴达男孩从7岁开始就接受军事训练，他们锻炼、出操、比赛，经受体力磨炼。女子也须经常进行体育锻炼。因此，斯巴达人都是一些体魄健壮、吃苦耐劳、训练有素、纪律严明的勇士，为其他希腊人所羡慕。公元前500年，斯巴达成为了由希腊南部城邦组成的伯罗奔尼撒同盟的领袖。

雅典位于阿提卡半岛沿岸，不仅有强大的海军，其商业也在希腊诸城邦中居首位。雅典人和斯巴达人对自由的观念不同，对斯

伯罗奔尼撒战争

巴达人来说，自由意味着保持国家独立，而实现独立的途径是要求秩序、纪律与军事化。雅典人也要求保护城邦不受敌人侵略，但与斯巴达人不同，他们更珍惜个人自由，追求个性的充分发挥与完善。通过梭伦改革，雅典确立并巩固了民主政体，这与斯巴达的贵族寡头政体不同。

希波战争之后，150多个城邦为了保卫自己，提防波斯重新发动战争，组成了提洛同盟。雅典依仗其充裕的财富、强大的舰队，作了这个同盟的首领。但是，雅典却操纵同盟为自己的经济利益服务。雅典禁止成员国退出同盟，在同盟国的领土上平叛、驻军，还将盟国的财物和国库资金用于雅典的公共事业，同盟国对雅典人的控制感到非常不满。同时，雅典在提洛同盟中的霸主地位也引起了斯巴达人的嫉恨和恐慌，两强相争，愈演愈烈，最后爆发为全希腊的内战。

战争爆发于公元前431年，于公元前404年结束（其中公元前421—前414年停战）。战争席卷了整个希腊世界，公元前404年，雅典投降，被迫签订了屈辱的和约。经济上发达、政治上先进的雅典却被保守、落后的斯巴达击败，其原因主要有：第一，雅典社会内部的贫富分化比较严重，战争时期，内部矛盾导致社会各阶层意见分歧，行动难以统一；而斯巴达公民经济、政治地位相近，内部斗争少，对外容易齐心协力。第二，斯巴达属军事城邦，公民自小接受军事训练，而且伯罗奔尼撒同盟的陆军是希腊其他各城邦联合力量所不能匹敌的。第三，雅典对提洛同盟内盟国的控制引起各盟国的强烈不满，战争一爆发，许多盟国退出联盟，从而削弱了雅典的力量。

知识链接

修昔底德本人称伯罗奔尼撒战争为伯罗奔尼撒人与雅典人之间的战争："雅典的修昔底德纪录了伯罗奔尼撒人与雅典人之间的战争。他在战争爆发时开始了他的纪录，他当时想到这场战争可能是非常重要的，可能比此前的战争都有历史意义。他这样想是因为战争双方使用了它们所有的手段，而其他希腊城市迟早会参加这场战争。这场战争深刻地影响了希腊和一部分野蛮人，可以说这场战争影响了整个人类社会。"

伯罗奔尼撒战争对于双方来说都是非正义的，自始至终是一场争霸战争。战争使双方都遭受了巨大损失，给希腊人民带来了深重灾难。从此，希腊各城邦转入危机时期。

5. 昙花一现的壮举

——亚历山大帝国的兴衰

公元前366年，马其顿国王腓力二世准备东征波斯时，死神夺走了他的生命。继位的是他年仅20岁的儿子亚历山大。亚历山大早年的宫廷教育是在古希腊大学问家亚里士多德的指导下完成的。他酷爱希腊文学，常自比于希腊史诗中的英雄阿喀流斯。腓力二世遇刺后，斯巴达、雅典等希腊城邦纷纷举事，试图趁机摆脱马其顿的控制。亚历山大雷厉风行，很快镇压了希腊各地的反叛。

公元前334年，亚历山大率领3万步兵、约4 500名骑兵东讨

亚历山大帝国货币

波斯。马其顿军队首先击溃了土耳其海峡沿岸的波斯守军，然后迅速席卷小亚细亚。翌年秋，马其顿军队在皮那鲁斯河口的伊索斯城重创了波斯军队后，挥师南下，兵进腓尼基，彻底解除了波斯海军对远征军的威胁。公元前332年，在亚历山大强大的军事压力和外交攻势下，波斯属地埃及投诚。马其顿军队经过了一个冬天的休整之后，再次进入中东地区。在亚历山大军队的一连串沉重的军事打击下，波斯帝国最终覆灭。公元前327年，带着征服波斯帝国的喜悦和仆仆风尘，亚历山大来到印度河畔。在取得短暂的辉煌战绩之后，马其顿人遭到了南亚次大陆令人难耐的酷热、暴雨和瘟疫的折磨。常年征战的疲惫、厌战情绪和当地居民顽强的抵抗，终于使继续东征变得不再明智。于是，亚历山大决定班师回国。

公元前324年，亚历山大沿海路高奏凯歌回到巴比伦，并将巴比伦确定为他新建立的庞大帝国的首都。至此，经过十年的艰苦征战，一个西起巴尔干，东至印度河畔，北达多瑙河，南迄尼罗河第一瀑布，横跨欧亚非三洲的大帝国出现了。同古代其他幅员辽阔的帝国一样，亚历山大帝国的建立缺乏一个强有力的经济纽带，帝国在很大程度上

知识链接

把财富分给别人，把希望留给自己，她将带给我无穷无尽的财富。——亚历山大大帝

只是一个军事征服的结果,其存在是与其强有力的征服者分不开的。公元前323年,亚历山大不幸因病去世,帝国随之一分为三。蔚为可观的亚历山大帝国顷刻间灰飞烟灭,不能不令人感到惋惜。

马其顿王亚历山大东征

亚历山大远征创造了古代世界军事史上的一个奇迹。尽管盛极一时的亚历山大帝国的年龄尚不到一年,但亚历山大却以其卓越的军事才能和成功的东征永垂青史,为后人所景仰。

6. 宗主与附属

——东亚的朝贡体系

朝贡是古代东亚国家之间交往的一种主要形式,它以儒家的政治伦理思想为指导,是儒家文化等级观念和治世思想在国家关系上的反映。具体地说,中国是宗主国,日本、朝鲜、越南等国家是附属的一方,前者享有名义上的最高领导权,后者国君或国王的废立需呈报中国中央政府,后者对前者通过定期的朝贡形式表示

> **知识链接**
>
> 唐朝取代隋朝之后，唐太宗对外开放的政策使西域、东南亚和朝鲜半岛、日本列岛上的国家纷纷来到中国，进行更密切和频繁的外交往来。同时各民族人民也在不断地融合。这时期成为朝贡关系史上的第一个黄金发展期。

服从。

秦汉时期,古代朝鲜和古代日本就被纳入了朝贡体系中。西汉在朝鲜设置了三个郡,以管辖该地区的事宜,在日本考古发现的"汉倭奴国"金印就是日本被纳入此体系的有力证据。如果以19世纪中期作为下限,这种宗主关系存在了近两千年的历史。

朝贡体系的存在有着深厚的历史文化基础。中国的文明与周边国家或地区相比较为发达,发展也快,加之中国地域广阔,物产丰富,农业、手工业和商业在很长一段时间内处于亚洲乃至世界的前列,对周边民族产生了强大的吸引力。西汉武帝以降,儒家学说成为中国的官方学说,据此构建的封建大厦在当时生命力旺盛,周边发展落后的国家和民族对此无不羡慕,纷纷效仿。加之儒家提倡"仁政"、"爱民",主张"内圣外王",这种"攻城为下,攻心为上"的姿态,周边的国家也

前往中国的朝贡船

能够接受。

近代西方对殖民地的野蛮统治和掠夺让人们对“宗藩”关系充满了厌恶之情。不过,东亚的朝贡体系与其相比差别很大。中国与附属国之间的关系,简单概括就是:中国得名,附属国得实利。附属国新政权的成立需要中国的册封,既满足了“天朝上国”的虚荣心,也对稳定附属国的政治起到了作用。从经济上说,附属国往往定期或不定期地朝贡,但宗主国为了显示天朝威仪,一般还礼的价值大大超过贡品。朝贡物品大多是附属国的地方特产且为中国古代统治者比较稀罕的东西,如象牙、毛皮、珍玩、奇花异草等奢侈品。他们带回去的则是对于生活更为重要的粮食、茶叶、布匹、药物、瓷器、工具等。因此,这种朝贡就成为双方定期或不定期的物质交流,可以说是某种形式的互通有无。

东亚的朝贡体系并不是一成不变的。作为宗主国,古代中国王朝最关注的是这些“蛮夷”之邦会不会颠覆中央政权,威胁到它的统治地位。当“天朝上国”政权稳定、军事强大的时候,这种朝贡体系就是稳定的。当中国古代政权更迭,或者受到少数民族进逼的时候,它就变得很脆弱,甚至周边一些较为强大的民族会趁机发兵中原。东亚朝贡体系的崩溃是在近代。中国发展到明、清之时,封建制度趋于衰朽,而西方发展迅速又超过中国。这些新兴的资本主义国家为了拓展市场、抢占原料产地,纷纷进军海外。英国、法国、荷兰、西班牙等国家以坚船利炮打开亚洲国家的大门,扶植傀儡或者直接管理,一些国家脱离了中国的控制,它们与中国的朝贡关系就此宣告终结。

7. 东西方文化的交流

——丝绸之路

在我国的西北部，有一条向西延伸，并横贯亚洲、连接欧亚大陆的著名古代陆上商贸通道，这条通道当时主要是进行丝绸贸易，因而得以“丝绸之路”的名号。丝绸之路东起长安（今西安），经陕西、甘肃、宁夏、青海、新疆，跨越葱岭（今帕米尔高原），经西亚、小亚细亚等地，并南下今阿富汗、伊朗、伊拉克、叙利亚到达地中海东岸，全长7 000多千米。我国境内的丝绸之路总长4 000多千米，约占全程的二分之一还要多。

丝绸之路

“丝绸之路”不是从来就有的，也不是一开始就具有这样大的规模，它是随着时代的发展，为了满足我国同西方的商业、文化交流的需要而不断扩展的。说到“丝绸之路”的产生，就要追溯到两千多年前西汉汉武帝当政时期。这一时期，汉朝经常受到北方匈奴的侵扰，为了联络大月氏夹击匈奴，汉武帝派张骞于公元前138年(建元3年)出使西域。途中,张骞两次被匈奴俘虏,直到公元前126年才逃回汉朝。公元前119年,为了招引受大月氏攻击而被迫归属匈奴的乌孙,使其回到日夜思念的河西故地,最终达到让乌孙帮助汉朝攻击匈奴的目的,汉武帝命令张骞率300人的使团,并带牛羊数万、金币丝帛上万,再次出使西域。

张骞两次出使西域,虽然没有达到预期的目的,但却加强了中原地区同西域各国的联系。张骞通西域后,正式开通了这条从中国通往欧、非大陆的陆路通道。汉代丝绸之路分为南北两道:东起长安,西经河西走廊,在疏勒西越葱岭,经大宛和康居南部西行,叫做北疆道;或经莎车(今新疆)以西越葱岭,经大月氏西行,叫做南疆道。两条路线会于木鹿城,然后西经和椟城、阿蛮、斯宾等地而抵地中海东岸,最后转达罗马各地。魏隋之际,有南、北、中三道。唐代,新增两条支路,称为“碎叶道”和“热海道”。明代以后,丝路复有四道。“丝绸之路”的最大贡献就是加强了东西方文化的交流。中国发明的造纸术、印刷术、火药等,经由丝绸之路传入西亚,再传至欧洲。世界三大宗教佛教、伊斯兰教、基督教也是通过“丝绸之路”传入中国。可以说,“丝绸之路”是中国联结各文明古国,如波斯、印度、罗马的纽带,更是地理大发现之前世界各文明古国经济、文化交流的一条主要通道。

知识链接

自从张骞通西域以后,中国和中亚及欧洲的商业往来迅速增加。通过这条贯穿亚欧的大道,中国的丝、绸、绫、缎、绢等丝制品,源源不断地运向中亚和欧洲,因此,希腊人、罗马人称中国为“赛里斯”国,称中国人为“赛里斯”人。所谓“赛里斯”即“丝绸”之意。

其实,“丝绸之路”有海、陆之分。前面所述的是“陆上丝绸之路”,“海上丝绸之路”也是在汉武帝时期形成的。“海上丝绸之路”有两条:一条是从中国出发,向西航行的南海航线,它是海上丝绸之路的主线;另一条是由中国向东到达朝鲜半岛和日本列岛的东海航线,它在“海上丝绸之路”中占次要的地位。起先这两条海上交通要道也主要是运输丝绸到外国的,随着陆上丝绸之路的命名,这两条海上交通要道就得到了“海上丝绸之路”的称号。后来,中国著名的陶瓷,也经由这条海上交通路线销往世界各国,西方的香料也通过这条路线输入中国,因此也有一些学者称这条海上交通路线为“陶瓷之路”或“香瓷之路”。不论是陆上丝绸之路,还是海上丝绸之路,都在东西方文化交流方面发挥了不可磨灭的作用。

8. 西欧奴隶制度的崩溃

——西罗马帝国的瓦解

公元1~2世纪,与我国东汉王朝同时并存的罗马帝国正处于强盛时期。它雄踞于地中海一带,俨然是一个不可一世的大帝国。然而到公元3世纪时,罗马的奴隶制已是日薄西山了。

戴克里先

戴克里先被拥立为罗马帝国的皇帝后,便委托好友去治理帝国的西部,于是,罗马帝国有了两个最高统治者。后来,他们又各自为自己任命了副职恺撒。从此,这四个人分别治理帝国的一部分，历史上称为“四帝共治制”。戴克里先退位后，君士坦丁继承帝位。330 年，君士坦丁把首都迁到拜占庭，定名为君士坦丁堡，号称“新罗马”，为东西分治创造了条件。公元 395 年，罗马帝国分裂为东、西两部分，即以君士坦丁堡为首都的东罗马帝国和以罗马城为首都的西罗马帝国。

西罗马帝国遗迹

西罗马帝国自分裂以来始终处于动荡的漩涡之中。千疮百孔的罗马帝国民怨沸腾，奴隶起义风起云涌，最著名的是高卢人（主要活动区域在今法国境内）掀起的“巴高达”（意为“战士”）运动，起义者中农民当步兵，牧人当骑兵，转战各地，他们不断向罗马官吏发动进攻，得到奴隶们的热烈拥护，西罗马帝国随时有倾覆的危险。正当西罗马帝国陷入一片混乱之时，东方日耳曼人中的哥特人开进了意大利。统率这支大军的是哥特人中最有名的勇士阿拉里克。他出征前对妻子许愿说：我要打进罗马，捕获城里的贵妇给你做奴婢，把他们的财宝给你作礼物。

可是，罗马的司令官斯底里哥把阿拉里克打败了。恢复了生机的罗马城举行了庆典，这是罗马历史上最后一次庆祝胜利，408 年，阿拉里克的大军又一次向罗马挺进。他们占领了罗马的港口，断绝了罗马的粮食来源。西罗马帝国接受了最终达成的屈辱性协议：献出黄金 5 000 磅(1 磅相当于 0.9072 市斤，1 市斤 = 500 克)，白银 3 000 磅，绸料(从中国经过漫长的丝绸之路运来的，价值不菲)4 000 块，皮革 3 000 张，胡椒 3 000 磅。罗马人为了凑足 5 000 磅的黄金，甚至将金质的神像都熔化了。

时隔两年，阿拉里克违背协议，围攻罗马城，城内起义奴隶打开城门，西哥特人冲进了罗马城，洗掠而去，被誉为“永恒之城”的罗马城已不复存在。抢光、烧光之后，哥特人在入城的第六天放弃了罗马，向意大利南部推进。不久，阿拉里克突然死去。据说哥特人强迫罗马俘虏排干了一条河，把阿拉里克的遗体和无数宝物一起埋在河底，然后再把水放进河里。工程完成后，全部俘虏都被杀死。所以阿拉里克的葬地及殉葬品始终未被发现。

阿拉里克

哥特人走后，又有几个曾被罗马人视为蛮族的边疆民族先后扫荡了意大利。昔日强大的西罗马帝国像是被抽干了血液一样躺在曾经让它感到无限荣耀的地方奄奄一息。476 年，西罗马 6 岁的末代皇帝罗慕路斯被废黜。西罗马帝国的灭亡，宣告了古代奴隶制国际关系的结束，从此形成了新的、封建农奴制的社会制度和国家，开始了中世纪的、封建的国际关系史。

9. 重振罗马帝国的最后尝试

——查士丁尼复辟

东罗马帝国(拜占庭帝国)领土大致包括今巴尔干半岛、小亚细亚、亚美尼亚、美索不达米亚、叙利亚、巴勒斯坦以及埃及和北非马格里布地区的一部分。由于保持了罗马帝国许多重要的工商业重镇,如以纺织业发达而蜚声帝国全境的君士坦丁堡和以采矿业和冶金业著称的安条克(今叙利亚境内),拜占庭帝国在分立伊始呈现出一派欣欣向荣的气象。经济上的富庶使东罗马帝国成功地抵御了蛮族的入侵,并为其重返亚平宁半岛奠定了坚实的基础。

知识链接

查士丁尼是非凡的君主，上帝赏赐给罗马人的明珠——至少对于罗马人来说确实是这样。

527 年,雄心勃勃的查士丁尼登上了拜占庭帝国皇帝的宝座。他一开始就以罗马帝国的继承者自居。加冕第二年,他组织一批法学家和法官开始编写《罗马法汇编》(一称《民法大全》)。534 年,《民法大全》最终编纂成功。它极力鼓吹皇权至上的观点,认为皇帝是惟一的立法者,只有他才有权解释法律。与此同时,他还大力推行皇权教权合一的新宗教政策,向臣民灌输皇帝既拥有最高世俗权力,也拥有最高神权的思想,以此加强中央集权的统治。

在外交上,查士丁尼积极推行恢复罗马帝国昔日疆域的进攻战略。532 年,拜占庭与波斯王霍斯鲁一世签订了永久和约,以代

查士丁尼大帝:东罗马帝国(拜占庭)皇帝,526—565 年在位

守边疆之名向波斯支付了 1.1 万磅黄金,以确保帝国东部边界的安全。翌年,查士丁尼即派大将贝里撒留率领 1.6 万军队出征由北非日耳曼人建立的汪达尔王国。经过两年的努力,拜占庭军队攻克了汪达尔王国首都迦太基,完成了收复北非的军事使命。随后,贝里撒留挥师北上,从海路出发,进攻另一个日耳曼人建立的政权——意大利半岛上的东哥特王国。经过 9 年的艰苦战斗,拜占庭军队于 554 年最终将东、西哥特人彻底逐出了意大利半岛,并将曾与其一度结盟的法兰克人也赶到了阿尔卑斯山以北的地区。同年,拜占庭人又借西哥特王国(今西班牙一带)国王邀请其进入伊比利亚半岛帮助平叛之际,占领了半岛的东南部。至此,查士丁尼已收复了被日耳曼蛮族占领的原罗马帝国的大部分领土。拜占庭人所到之处,试图全面恢复罗马的旧制度,他们强行把所有的教堂全部归还正统的基督教,蛮族人全部被贬为奴隶,原罗马元老的土地也必须归还其后裔。查士丁尼的这些举措无疑加剧了拜占庭人与当地居民的矛盾。

历经近 30 年的对外战争,拜占庭帝国已是强弩之末。查士丁尼死后,在斯拉夫人、阿拉伯人和波斯人的先后冲击下,帝国实力每况愈下,最终于 1461 年被奥斯曼土耳其人灭亡。然而,拜占庭帝国在长达1000多年的时间里，对东西方世界的经济和文化交流发挥了重要的作用。帝国瓦解后，大批珍藏在君士坦丁堡的希腊古典艺术珍品被转移到了西方，极大地开阔了西方人的视野，直接导致了西方文艺复兴运动的发生。

10. 来自中东沙漠的征服者

——阿拉伯帝国的兴衰

六七世纪之交，阿拉伯半岛正经历着一场剧烈的社会动荡。来自波斯和拜占庭的侵略威胁，以及红海沿岸猖獗的海盗活动，对生活在半岛上的游牧部族的生存无不构成了致命的威胁。穆罕默德于610年创建了伊斯兰教。622年，穆罕默德在麦地那建立了世界上第一个以伊斯兰教为共同信仰、政教合一的伊斯兰教政权。到632年穆罕默德去世的时候，他已经基本上统一了整个阿拉伯半岛。阿拉伯帝国正是在这一基础上建立起来的。

> **知识链接**
>
> 美国的历史学家迈克尔·哈特在他所著的《影响历史的一百位名人排行榜》中，认为穆罕默德居首位，他说："我选择穆罕默德作为世界历史上第一个最有影响的人物，可能会使一些读者感到惊奇，也会使另外一些读者发生疑问，但他确实是历史上在宗教和世俗两方面都取得了卓越成就的惟一人物。"

穆罕默德死后，阿拉伯人陷入了内讧。直到第二任哈里发（意为"真主使者的继承人"）欧麦尔的时候，阿拉伯人才又开始新的圣战历程。欧麦尔利用拜占庭和波斯之间的长期交恶，以致两败俱伤的局面，成功地征服了叙利亚、巴勒斯坦、埃及，并最终消灭了波斯帝国,从而使阿拉伯成为中东、西亚地区一支新兴的力量。欧麦尔死后,阿拉伯人再次出现了分裂。661 年,阿拉伯叙利亚的总督穆阿维什自立为哈里发,定都大马士革,史称倭马亚王朝,中国称其为“白衣大食”。倭马亚王朝建立后,花了 20 多年的时间才平息了各地的反叛活动。此后,倭马亚王朝便展开了大规模的海外扩张活动。在东方,阿拉伯人迅速席卷中亚和印度河流域。751 年,阿拉伯军队在中亚怛逻斯河畔(今哈萨克斯坦东南部)的一次遭遇战中打败了唐安西节度使高仙芝率领的中国军队。但阿拉伯军队并未继续东进。在西线,阿拉伯人占领了整个马格里布,并横越直布罗陀海峡,占领了伊比利亚半岛,直到 732 年,法兰克王国的军队在其南部的普瓦蒂埃战役之后才阻止了阿拉伯人北进的步伐。至此,一个东起印度河,西达大西洋,北界咸海和里海,南临红海,地跨欧亚非三大洲的阿拉伯帝国豁然出现在世界版图上。

阿拔斯一世

与此同时,阿拉伯帝国还进行了一系列重要的改革,在帝国范围内废除拜占庭金币和波斯银币,统一使用阿拉伯的货币第纳尔和迪尔汉;阿拉伯语被确定为帝国惟一的官方语言。这些措施有力地推动了整个帝国的阿拉伯化。

749 年,艾布·阿拔斯攫取了阿拉伯哈里发的地位,建立了阿拔斯王朝,定都巴格达,中国史书上称其为“绿衣大食”。阿拔斯王朝建立伊始,阿拉伯帝国的权势达到了顶峰。此后,帝国境内开始出现了群雄割据的局面。11 世纪中叶,塞尔柱突厥人在帝国境内崛起,并攻陷了巴格达。哈里发丧失了所有的世俗权力,只剩下一个宗教领袖的名义头衔。1253 年,蒙古骑兵最终攻克巴格达,阿拉伯帝国至此灭亡。

阿拉伯帝国最重要的遗产,就是伊斯兰教成为世界性的宗教,整个西亚、中东和北非地区的阿拉伯化。

11. 日耳曼征服者

——查理曼

查理曼即查理大帝,是统一的法兰克王国的最后一位国王,他在位的 46 年也是法兰克王国的鼎盛时期。768 年,当查理曼从他的父亲丕平那里继承了法兰克王国的王位时,他也一并继承了他父亲扩疆拓土的雄心壮志。

查理曼在长达 36 年的征伐生涯中,总共发动了大大小小 50 余次战争。这些战争以 772 年为界大致可以分为两个时期。在 772 年之前,法兰克王国的军队一路势如破竹,短短的 4 年时间里席卷了几乎整个西欧,兵锋直抵意大利半岛的南部。从 772 年起,查理曼开始了漫长的征服萨克逊人的战争。萨克逊人长期以来居住在莱茵河下游和易北河之间,素以英勇善战著称,再加之在 8 世纪时它已形成了 5 个强大的部落联盟。因此,查理曼在中欧遭到了重大挫折。为了瓦解萨克逊人的顽强抵抗,他屠杀了大量的萨

查理曼大帝(Charlemagne 或 Charles the Great,742—814),或称伟大的野蛮人查理曼

克逊人。经过22年的反复征讨,最终征服了萨克逊人。至此,法兰克王国成为一个北到北海,东临易北河,西至比利牛斯山南麓,南达意大利半岛南部的庞大帝国,其幅员之大,覆盖了今法国、德国、意大利、捷克、斯洛伐克、荷兰、卢森堡及比利时等欧洲8个国家的领土。

800年,查理曼以护送教皇返回罗马之功,正式被教皇加冕为罗马帝国皇帝,此后历史上就把查理曼在位时期的法兰克王国称为查理曼帝国。帝国建立后,查理曼在内政上大力加强中央集权统治,将帝国划分成许多州郡和贵族领地。另外,他还比较重视文化教育事业的发展。他不但邀请了英格兰著名学者阿尔昆主持他的宫廷学校,而且还自己带头学习。在外交上,他致力于发展与苏格兰、阿斯提里亚(在今西班牙境内)和南部的阿拉伯帝国的友好关系,孤立与其争夺罗马帝国合法继承地位的拜占庭帝国。

但是,连年征战也使帝国元气大伤。大部分的自耕农——法兰克王国军队和财富的基石——为了逃避沉重的兵役而卖身为奴。同时,查理曼帝国跟古代社会的许多其他帝国

知识链接

800年，查理曼把立奥三世救出，并亲自送回罗马，扶其复位。因此这一年圣诞节，感恩图报的立奥三世为查理加冕，授予他“伟大的罗马人皇帝”称号。自此，法兰克王国遂成为查理曼帝国。

一样，也只是军事征服的结果。帝国各部分之间缺乏统一的经济基础和进行有效行政管理的技术手段，因而也就缺乏必要的凝聚力。814 年查理大帝去世，其子“虔诚者”查理沉溺于宗教之中，不理朝政。查理死后，他的三个儿子，即长子洛塔尔、次子日耳曼人路易和三子秃头查理，展开了旷日持久的王位继承权战争。843 年，三兄弟终于达成了《凡尔登条约》。依据条约，帝国将一分为三，由东向西依次为东法兰克王国、中法兰克王国和西法兰克王国。其中，洛塔尔据有中法兰克王国，并由他继承帝位。分裂后的查理曼帝国初步奠定了今法国、德国和意大利的疆域基础。另外，凡是被查理曼征服的地方，都必须承认皈依基督教，因此查理曼征服也有力地推动了基督教在整个欧洲的传播。

12.“黄色旋风”席卷欧亚大陆

——蒙古西征

12 世纪，在长城以北、贝加尔湖东南的广阔地域上生活着许多游牧部落，其中比较大的有塔塔尔、克烈、乃蛮、蔑里乞和蒙古。他们不但受到来自女真族政权——金的威胁，而且彼此之间也经常为了争夺牧场和平息部落的仇怨而互相厮杀。铁木真，这个在世界历史上留下了最深刻印记的蒙古人，正是在这种情况下脱颖而出的。

知识链接

刘乐土在《成吉思汗》一书中说：“成吉思汗是后人难以比肩的战争奇才。他逢敌必战、战必胜的神奇，将人类的军事天赋穷尽到了极点。”

元太祖铁木真

铁木真是蒙古孛儿只斤部酋长也速该的儿子。自幼丧父,浪迹漠北。成年后,依靠其出色的领导指挥才能、坚强的意志和勇敢的精神,他逐步恢复了在本部族的酋长地位。此后,经过一番征战,铁木真最终统一了漠北各部,建立了统一的蒙古政权。1206 年,铁木真在斡难河(今蒙古国的鄂嫩河)畔召开的漠北各部贵族会议上被正式拥立为蒙古大汗,并被冠以"成吉思汗"的尊号。

以蒙古族为首的漠北各部世代以游牧为生,习于骑射,体格彪悍,习惯上以掳掠为荣。统一后的蒙古很快便踏上了领土扩张的征程。蒙古的对外扩张大致是沿着三个方向展开的。向西,蒙古骑兵先后消灭了西夏(1227)、乃蛮部(1218)。1219 年,成吉思汗以中亚的花剌子模国杀害蒙古商人和使臣为由,兴兵讨伐。蒙古骑兵出师告捷,一举荡平了花剌子模,并于 1223 年在东欧草原上击溃了基辅罗斯诸王公和钦察汗国的联军,前锋直抵伏尔加河畔。此即蒙古第一次西征。1235—1243 年,成吉思汗的孙子拔都率军西征,侵入了今波兰、匈牙利和奥地利境内。后在里海沿岸为保加利亚人所败。1261 年,拔都再次兵进欧洲,但收获甚微。

在西南方向上,1253 年,成吉思汗的孙子旭烈兀统兵 13 万进击中亚,经过三年的激战,最终征服了伊朗,并以此为基础建立了伊尔汗国。在南边,蒙古先后消灭了金国、南宋。另外,蒙古还曾

蒙古西征场景

远征过日本、越南、缅甸以及印度尼西亚的爪哇岛,但这些行动大多失败。14世纪后,蒙古帝国的扩张最后停止。

经过近一个世纪的南征北战和东征西讨,蒙古人最终建立了一个横跨欧亚大陆广阔地域的庞大帝国,但军事力量的强大并不能掩盖帝国统一的脆弱基础。忽必烈1271年即位后,帝国事实上就已经一分为五,即元朝和西边的察合台汗国(统辖今阿姆河以东、天山南北麓的地区)、窝阔台汗国(领有额尔齐斯河上游和巴尔喀什湖以东地区)、伊尔汗国(统辖今中亚和中东地区)和钦察汗国(疆域西到多瑙河下游,东达额尔齐斯河,南抵高加索,北到俄罗斯东北部)。侵入各地的蒙古人很快就脱胎换骨,被当地的文化所同化。14世纪中叶,蒙古汗国日趋没落。随着16世纪初钦察汗国的最后覆灭,蒙古帝国最终退出了历史舞台。

蒙古西征在一定程度上推动了东西方文化,以及北方游牧部落和南方农耕民族之间的交流和融合,但是蒙古军队在征服过程中对当地居民的掳掠和杀戮,以及对人类珍贵历史文化遗产的肆意毁坏是一种无法饶恕的历史罪行。

13. 波罗的海商业霸权的确立

——汉萨同盟

汉萨是哥特语，意思是“人群”，后来被用来特指商人公会。1241年，面对不断猖獗的海盗行为，北德意志城市吕贝克和汉堡缔结了一项互相保护贸易活动和联合打击海盗行为的协议。1252年，吕贝克、汉堡又与尼德兰（今荷兰）的不鲁日签署了类似的协议，汉萨同盟由此诞生。但同盟条例却是在8年后才得以通过的。

汉萨同盟是由环波罗的海地区一些独立的城市建立的一个松散的商业联盟。同盟的政治中心设在吕贝克，决策机构一般每三年召开一次各加盟城市代表大会。出席大会的代表通常有10～20人。尽管小城市经常因为财力有限而不能出席会议，但会议通过的决议所有的加盟城市都必须遵守。

进入14世纪后，汉萨同盟迎来了历史上的黄金时期。加入同盟的城市增加到80～100个，遍及波罗的海沿岸各国。另外，同盟还在俄罗斯、英格兰、挪威、法国等地设立了自己的商站，其贸易网络更是远达西班牙、葡萄牙和意大利。汉萨同盟的商人主要从事的是中

哥本哈根港口汉萨同盟的船只

介贸易。佛兰德尔(今比利时和卢森堡)、英格兰和北德意志的呢绒、法国和北德意志的盐、东欧的毛皮和蜡、英格兰、瑞典和中欧国家的金属制品、挪威的木材、瑞典的鲱鱼、北德意志的粮食、波兰和捷克的牛和牛肉以及东方的香料和丝绸等都曾是他们主要的贸易商品。

为了在波罗的海区域实现自由贸易,汉萨同盟先后以武力迫使挪威、瑞典和尼德兰承认其自由贸易的权力。1368 年,汉萨同盟舰队又在瑞典的支持下,重创了北欧劲敌丹麦、挪威,迫使其拆除了在桑德尔海峡——波罗的海出入大西洋的交通要道上的防御工事,并允许同盟在今后 15 年中享有海峡渔业收入的 2/3。丹麦王位的继承也要征得同盟的首肯——丹麦事实上已沦为汉萨同盟的附属国。至此,汉萨同盟在波罗的海的商业霸权达到了顶峰。与活跃的商业活动和强大的海军力量相匹配的是,同盟还拥有当时欧洲最发达的造船业。吕贝克和汉堡建造的船只久负盛名,英国海军的战舰最初就是从这些城市购买的。

15 世纪末,随着新航路的开辟和民族国家在西欧的崛起,欧洲国际贸易的中心从地中海和波罗的海沿岸转向大西洋沿岸,汉萨同盟的商业霸权也因此日渐衰弱。1494 年,同盟在诺夫哥罗德的商站被查封。16 世纪末,汉萨同盟的商人被逐出了英格兰。但同盟仍然具有强大的经济实力。1570 年时,同盟的船运量比英格兰的 2 倍还要多。30 年战争标志着汉萨同盟的彻底衰落。1669 年,汉萨同盟最终解散。

汉萨同盟商业霸权的建立在世界历史上是绝无仅有的,它从一个侧面充分地体现了欧洲中世纪“封建社会”的特点。

14. 世界重心的西移

——奥斯曼帝国的盛衰

突厥人最初活动在我国新疆阿尔泰山一带。7 世纪,长期骚扰中国北方的东西突厥为唐王朝所灭。此后,突厥人被迫西迁至小亚细亚。13 世纪后半叶,突厥奥古兹游牧部落的后裔奥斯曼(约 1281—1324 年在位)继承了塞尔柱苏丹赐给其父埃尔托鲁济的领地瑟于特(在今安纳托利亚西北部),宣布在此基础上建立奥斯曼国,此即奥斯曼帝国的雏形。

奥斯曼帝国骑兵

14 世纪中叶以后,奥斯曼国开始向外扩张。在西方,突厥人越过土耳其海峡,在大败巴尔干诸国组成的联军后,占领了保加利亚的大部和塞尔维亚的部分领土。为了更好经营西方的领土,奥斯曼国将都城迁到了君士坦丁堡西边的埃迪尔内城。在东方,突厥军队大举向小亚细亚中部推进,占领了包括安卡拉在内的安纳托利亚半岛的西部。1389 年巴耶济德继任苏丹后,更是全力推行对外扩张的政策,奥斯曼国的领土随之迅速扩大。然而就在这时,帖木儿率领的蒙古军队在征服了埃及之后,经由巴勒斯坦地区进入了安纳托利亚半岛。1402 年,蒙古骑兵与巴耶济德率领的突厥军队在安卡拉遭

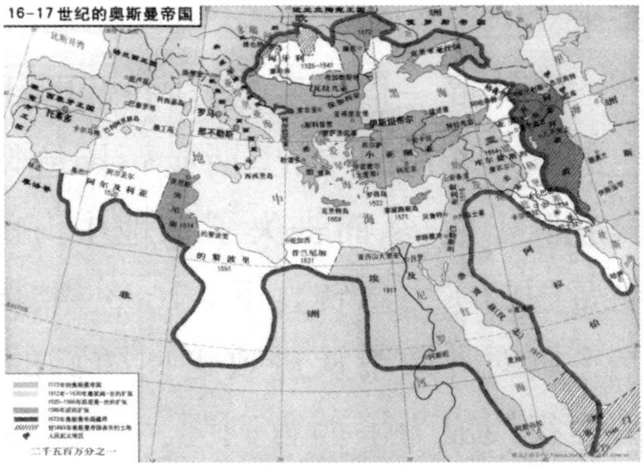

全盛时期的奥斯曼帝国疆域(16～17 世纪)

遇,结果突厥人战败,巴耶济德也被俘遇害。此后,奥斯曼国又陷入了争权夺利的内讧之中。

经过十多年的内战之后,巴耶济德的儿子穆罕默德一世重新统一了分崩离析的奥斯曼国。不久,奥斯曼与拜占庭帝国的关系恶化。于是,奥斯曼调集了数十万精兵开始围攻拜占庭首都君士坦丁堡。由于君士坦丁堡城高池险,突厥人在付出了沉重的代价后,才于 1453 年 10 月,在强大炮火的掩护下,最终攻入了君士坦丁堡,拜占庭帝国退出了历史舞台。在巴尔干地区,突厥人打败了一度曾成功地阻止了奥斯曼国对巴尔干入侵的匈牙利人和以奥地利为首的一支西欧的十字军,基本上控制了巴尔干地区。在东方,奥斯曼重返安纳托利亚半岛,并继续向东扩张。1520 年,苏莱曼一世(1520—1566 年)成为奥斯曼国的苏丹。在他统治期间,奥斯曼帝国达到了极盛时期。他去世的时候,帝国已经东起波斯湾,西到奥地利边界,北临黑海,南迄今阿尔及利亚和摩洛哥等北非沿海地区,地跨欧亚非三大洲,面积达 1 500 万平方

苏莱曼一世

千米。

苏莱曼一世死后，奥斯曼帝国开始衰落。1571 年，在地中海发生的勒班驼海战中，奥斯曼帝国舰队被西班牙和威尼斯组成的联合舰队击败，从而丧失了在地中海的制海权，加之内讧不断，奥斯曼帝国的实力急转直下。1683 年，奥斯曼军队围攻维也纳的失败，是帝国对外政策从进攻走向防御的重要转折点。此后，奥斯曼帝国便很快成为了西方列强，尤其是俄国和英国抢夺的猎物。1922 年，奥斯曼帝国在苟延残喘了 200 多年之后最终灭亡。

奥斯曼帝国是世界历史上最后一个地跨欧亚非三大洲的大帝国，它的崛起、兴盛和衰亡比较完整地见证了东方的没落和西方的崛起。

15. 世纪交锋

——英法百年战争

百年战争是英国和法国在14～15世纪期间断断续续进行的长期战争，它是英国为了维护其在大陆的权益，干涉和阻挠法国实现政治统一的侵略战争，结果以英国的失败而告终，法国赢得了战争的胜利，并实现了政治统一。

12 世纪中期，英国正处于安茹帝国时期，而法国却分裂为许多封建领地。13～14 世纪，法王开展国家统一运动，逐渐夺回被英国占领的大片土地，英法矛盾日益加深。1328 年，法国占领了以毛纺织业著称且与英国有密切联系的佛兰德，掌握了该地区的统治权。英国反对法国对该地区的控制，支持佛兰德市民反抗法国的统治。同年，法国卡佩王朝的统治中断，支裔华洛瓦家族的腓力即位，称腓力六世。英王爱德华三世以法王腓力四世外孙的身份觊觎法国王位,法国贵族拒绝了爱德华的要求。1337 年英国对法国宣战,英法百年战争爆发。

战争初期,英国凭借暂时的军事优势,取得了很大的胜利,占领了法国半壁江山。但是,这不仅激起了法国人民的一致反抗,而且也激起了本国人民的反战情绪。因为旷日持久的侵略战争必然加重人民的负担:不断增加的巨额捐税、无限期的兵役、抛家舍业、贻误生产、无谓的牺牲等等。百年战争期间,英国发生了两次大规模的农民起义(1381 年的泰勒起义、1450 年的凯特起义)。

与英国相反,百年战争对法国来说是自卫性的正义战争,因而它必然得到广大人民群众的支持,随着反侵略战争的发展,法兰西民族意识日益提高,以致形成了一个强大的爱国救亡运动。反侵略战争演变为人民战争,而人民的力量是不可战胜的。到 1453 年,除加来港外,英国在法国的占领地尽归法国人手中。百年战争以英国失败、法国最终胜利而告终。

百年战争无论对法国还是对英国,甚至对欧洲都产生了重要影响。战争给法国造成了严重的破坏,人民付出了巨大的牺牲。但另一方面,战争的胜利加速了法兰西民族统一国家的形成。战后,法国人民迅速医治了战争创伤。路易十一执政时期(1461—1483),以巴黎为中心的国内市场基本形成。他实行保护工商业的政策,增加国库收入,废除关卡,促进商品流通。另一方面,他积极反对封建主专权,消除了封建割据,

知识链接

曾有一位西方历史学家指出:“百年战争是一场持续百年的屠杀游戏。当两国的皇族及贵族为自己所夺得的利益而庆祝的时候,那些痛失家园及亲人的无辜平民却只能无声地痛哭。战争打了一百年,人民也哭了一百年。”

世纪交锋—— 英法百年战争

确立了中央集权制的国家机构。国家的统一、国内统一市场的形成和共同文化的形成,为法兰西民族的形成奠定了基础。于是法兰西以一个崭新的统一的民族国家进入了近代世界国家之林。

百年战争对英国的影响也是巨大的。一方面,由于战争的失败,英国被迫放弃了对法国的侵略政策,开始致力于国内发展;另一方面,在战争过程中,大量封建贵族和骑士死亡,封建纪律松弛,农奴制趋于解体,英国农民大多数成为自耕农。自耕农是小商品生产者,这样就促进了商品经济的发展。15 世纪末,英国成为以毛纺织业为主具有资本主义因素的经济发达的国家。同时,百年战争的失败加剧了封建贵族对国内权益的争夺,因而酿成了长达 30 年的玫瑰战争(1455—1485 年)。玫瑰战争导致更多的贵族死亡,封建势力进一步被削弱,为建立中央集权制国家创造了必要条件,于是以都铎王朝为代表的英吉利民族国家应运而生。

16. 地理大发现

——哥伦布航行美洲

美洲，这块神秘的大陆，在哥伦布到达之前，是不为西方人知晓的。1492 年哥伦布航行到达美洲，把美洲的所见所闻讲述给欧洲人之后，各色各样的欧洲人开始来到美洲探险，他们逐渐发现哥伦布到达的不是传说中的东方，而是一块新大陆。因此，哥伦布航行美洲的这一发现，被称为地理大发现或者是“新航路的开辟”。

> **知识链接**
>
> 恩格斯也曾指出：“葡萄牙人在非洲海岸、印度和整个远东寻找的是黄金；黄金一词是驱使西班牙人横渡大西洋到美洲去的咒语；黄金是白人刚踏上一个新发现的海岸时所需要的第一件东西。”

哥伦布能够到达美洲，离不开他的智慧，但从本质上讲，也是当时社会政治经济发展的必然结果。1451 年，哥伦布出生于意大利热那亚一个不太富裕的织工家庭，年轻时就喜欢读《马可·波罗行记》，这本书激起了他寻找直达中国和印度航路的雄心壮志。为此，他不仅几次出海，搜集相关的航海资料，而且还刻苦学习与航海相关的天文、地理以及船只驾驶技术，并学会了意大利语、西班牙语、葡萄牙语和拉丁语等多种语言。他坚信地圆学说，认为从欧洲海岸西行，一定会到达东方。为了实现他的愿望，他先后给葡萄牙、西班牙、意大利、法国、英国等国国王上书请求给予资助，但都没有遇到一个远见之士。哥伦布并没有因此而气馁，他继续寻找机会。1492 年，西班牙完成统一，他再一次上书，结果，西班牙女王伊萨贝拉采纳了他的建议。这是哥伦布能够远航的主观原因。

哥伦布航海

在客观因素方面：商品经济的发展和市场的扩大，使得欧洲人狂热地追求货币和黄金。从本质上反映了资本主义生产关系对于掠夺财富和加速资本原始积累的迫切要求，它成为探索通往东方新航路的主要动力。而《马可·波罗行记》又描述了东方的富庶，这就让西欧人确信，只有到东方去才能寻找到他们需求的财富。商路不畅引起的商业危机也是促使欧洲人开辟新航路一个原因。15 世纪中期，奥斯曼帝国占领了巴尔干半岛和小亚细亚地区。他们在东地中海进行劫掠，并对过往商品征收重税，导致运抵欧洲的商品不仅数量少，而且价格昂贵，各类商品往往比原价高出 8～10 倍。因此，欧洲各国的商人和贵族迫切希望绕过地中海东部，另辟一条直接通往印度和中国的新航路。15 世纪，造船业已能制造适于大海航行的多桅快速帆船，航船装备了火炮，中国发明的指南针传入欧洲，在大海上航行的船只不会迷失方向。专制主义在西欧各国的发展，也给地理大发现创造了政治前提。15 世纪末，英国、法国、西班牙、葡萄牙等西欧国家都已开始成为专制主义的统一国家，他们有力量为巨大的探险和侵略行动提供所需的庞大物质资源。

在西班牙女王的资助下，哥伦布带领他的船员于 1492 年 10 月 12 日到达今加勒比海巴哈马群岛中的华特林岛，成为第一个发现美洲大陆的幸运儿。然而,哥伦布生前并不知道自己发现了一个新大陆,他认为自己到达的是传说中的东方。“美洲”一词是随着人们对新大陆的逐步认识而产生的。

哥伦布发现美洲具有重大的历史意义:它打破了长期以来世界上各个国家、地区和民族之间相对隔绝的状态,为世界市场的形成创造了重要条件,同时也促进了西欧封建制度的解体和资本主义的成长。但是另一方面,哥伦布“发现”美洲,也开始了欧洲殖民者对美洲的殖民掠夺活动,他们将大量财富运回欧洲并转化为资本,造成殖民地人民的极端贫困和落后。

17. 向新大陆进军

——西欧列强在美洲的殖民活动

美洲由南、北两块大陆(即南美洲、北美洲)、连接南北两块大陆的狭长地带(中美洲)以及两块大陆之间的岛屿(加勒比地区)构成。

哥伦布“发现”美洲的消息震惊了欧洲。欧洲殖民者和探险者纷纷涌向新大陆。一时间,西班牙、葡萄牙、荷兰、英国和法国等国的探险家的足迹遍及新大陆的沿岸。他们以古巴和海地岛为基地,向西半球整个大陆的四面八方进行开拓。

当欧洲殖民者踏上美洲大陆时,这里已经有了发展程度相当高的文明。最主要的三种文化有:玛雅文化、阿兹特克文化和印加文化。玛雅人最著名的成就展现在文化领域中——他们不仅建造了别致的庙宇,而且还在建筑、雕塑、绘画、象形文字、数学、天文和

西方殖民者

年代学(包括发明日历)等方面取得了开创性的成就。阿兹特克文化主要集中在墨西哥中部宽阔的谷地上。他们的文明主要以军事组织和建筑才能而闻名。印加人的帝国沿安第斯山由厄瓜多尔北部经秘鲁至智利南部,绵延4800千米。这个帝国一直延续到1532年的西班牙征服时期。印加人是杰出的技师。他们建成了广泛的道路系统以及复杂的灌溉体系,在山坡上,他们修筑了令人惊叹的农用梯田。在纺织品的图案和治疗头部伤口方面也表现出杰出的才能。印加人能用超凡的技巧在人的头颅骨上穿孔来治疗头部的伤口。

印加人的梯田

如果按照15世纪末欧洲的标准来衡量,印第安人社会的发展是很快的。然而欧洲殖民者的到来打破了它们独立发展的进程。仅仅在哥伦布“发现”美洲之后的70年间,西班牙和葡萄牙殖民者便把由合恩角一直延伸到今美国和加拿大边界的大片土地完全征服了。据记载,到1541年为止,在西班牙、葡萄牙殖民者的暴力镇压下，至少有几百万印第安人被无辜屠杀。

殖民者征服美洲的最大欲望，是要为以王室为首的大封建贵族与大商业资产阶级谋夺财富。为了进一步搜刮美洲人民的资源和财富，他们建立了一套完整的政治、经济、军事、文化和宗教统治机构，实行了长达300年的殖民统治。以西班牙的殖民统治为例：政治上，西班牙把美洲殖民地分为几个总督辖区，其总督都是由西班牙国王直接任命，在殖民地代行国王的权力，总揽行政、财政、司法和军事等方面的大权。另外，设立西印度事务委员会，专门负责制订殖民地政策。西班牙国王宣称殖民地的全部土地都是王室的财产，所有印第安人都是国王的臣民。1503年将大量土地交给殖民地的西班牙贵族、官吏和教士管理，美洲殖民地很快布满了大庄园、大牧场和大种植园，而许多印第安人则沦为农奴和奴隶。这也是后来拉丁美洲大地产制的由来。经济上，为了适应西班牙国内的需求，西班牙人在美洲竭力扩大甘蔗、棉花、烟叶等经济作物的生产，同时，为了保证西班牙本土制造的葡萄酒、橄榄油等能在殖民地高价出售，又限制和禁止美洲种植葡萄、橄榄等。这是美洲殖民地经济单一产品制形成的一个主要原因。此外，西班牙还对殖民地的贸易进行垄断，规定殖民地的一切进出口货物须由西班牙船只装运。宗教方面，天主教是伴随着殖民者一起来到美洲的，教会对美洲的社会实行极其严格的控制，而且美洲的教育文化事业也全部掌握在教会手中。

16世纪时，西班牙、葡萄牙把美洲看做是“禁地”。但是随着英、法、荷等国的日益兴起，它们也慢慢插足美洲，并在它们的占领地建立起与它们国家相类似的殖民统治制度。

18. 一个新奇的大陆

——欧洲列强进入非洲

非洲是世界第二大洲，面积仅次于亚洲，考古证明它也是人类文明的发源地之一。

从 15 世纪起，欧洲殖民者已开始入侵非洲。冲在最前面的是占据地利的葡萄牙。17 世纪中叶以后，英、法取代了葡萄牙在非洲的殖民优势。19 世纪以前，西方殖民者在撒哈拉沙漠以南的非洲，除了法国人、英国人分别在阿尔及利亚、南非建立起较大殖民地外，欧洲殖民者一般只能在沿海或大河河口处建立零星据点，还没有开拓大片殖民地，更未深入内陆。殖民者占领的土地，只占非洲总面积的大约 10%。这一时期，殖民者殖民掠夺的方式主要是进行掠夺性贸易，他们用玻璃珠、甜酒和劣等的工业品从非洲人手中骗取大量黄金、香料、象牙等珍贵物品，还从事贩卖黑奴的罪恶勾当。非洲地图上一度出现的所谓“黄金海岸”、“象牙海岸”和“奴隶海岸”等，就是西方殖民者从事掠夺所留下来的罪证。19 世纪 70 年代后，列强开始掀起瓜分非洲的狂潮。19 世纪末 20 世纪初，除埃塞俄比亚和利比里亚勉强维持独立外，非洲基本上被列强瓜分完毕。

这一时期列强加快瓜分非洲的原因是：①随着资本主义向垄断阶段过渡，帝国主义加紧了对殖民地的争夺。当时亚洲已基本上被瓜分完毕，美国又不允许其他国家涉足拉丁美洲，列强便把非洲作为争夺的主要对象。②非洲拥有丰富的自然资源。非洲原来

欧洲列强对非洲的入侵

盛产的油棕、橡胶、象牙等,早已成为殖民者掠夺的对象。随着棉花、可可、咖啡、甘蔗等经济作物的种植成功,尤其是几内亚湾沿岸和南非金矿的发现,使非洲的吸引力更大了。③非洲具有重要的战略位置,成为列强的必争之地,尤其是拥有苏伊士运河的埃及和控制地中海咽喉直布罗陀海峡的摩洛哥,更成为列强争夺的重点。④西方国家的探险家这时已基本完成了对非洲内陆地区的地理探险活动。从18世纪晚期到19世纪晚期,欧洲冒险家到非洲内地探险达200多次。在众多的探险家中最著名的是利文斯顿和斯坦利。前者在非洲探险20多年,发现了赞比西河和维多利亚大瀑布等,后者探索了刚果河。这些探险活动为帝国主义最后瓜分非洲铺平了道路。

比利时国王利奥波德二世对刚果河早有图谋。1876年9月,他打着"禁止奴隶贸易"的旗号,组织了"国际刚果协会",并加以直接控制。他派斯坦利作为代表去扎伊尔地区活动。斯坦利以"国际刚果协会"的名义利用欺骗性手段,同当地酋长缔结了约400个"保护"条约,侵占了二三十个殖民据点。

比利时的扩张,与法国、葡萄牙的扩张发生了冲突。1875—1879年,法国殖民者布拉柴在刚果河流域活动,同当地酋长缔结条约,建立了据点,还在河口建立了兵站,抢先控制了出海口。1882

年 11 月,法国宣布成立法属刚果殖民地。斯坦利比布拉柴晚几个月到达刚果河口,他立即宣布布拉柴所订的条约为“废纸”,并宣布拥有占领刚果河口的权利。1882 年占领安哥拉的葡萄牙人,也宣布对刚果河口两岸地区拥有“历史的权利”。

为了调解列强因争夺刚果河流域而产生的矛盾和进一步瓜分非洲,1884 年 11 月,由德、法两国发起、在德国宰相俾斯麦主持下,召开了柏林会议。会议通过的《总议定书》规定:利奥波德二世以个人名义领有“刚果自由邦”;宣布“贸易自由”、“过境自由”、“航行自由”;规定任何国家今后在非洲夺取新的领地,必须通知柏林会议签字国,必须采取“有效占领”的原则。这次会议是列强瓜分非洲的赤裸裸的分赃会议,它标志着帝国主义瓜分非洲新高潮的到来。

19. 文明与扩张

——英国在印度的掠夺

1498 年,葡萄牙航海者达伽马率领船队绕过好望角,到达印度西岸的卡里库特,然后运回丝绸、香料、象牙和宝石等,获利甚多。在以后 10 余年内,葡萄牙人不仅在印度西海岸建立了自己的商业据点,还在印度洋建立了一系列海军基地。此后,荷兰人、法国人也相继来到印度。英国人的东来是在 1588 年打败西班牙无敌舰队,开始建立海上霸权之后。

英国位于大西洋中的不列颠岛上。四周环海的地理位置,使得想探知海外世界的英国居民在很久以前就有了海上活动。9 世纪晚期,它们已经筹建了海上舰队。随着新航路的发现,处在新航路上的英国,又具备了扩大海外贸易的得天独厚的条件。17—18世纪,经过一系列冲突与战争,英国终于打通了通往海外殖民地的通道,并占有了大片的殖民地。

英国势力侵入印度时,印度正处在莫卧儿帝国的统治之下。英国对印度的殖民,与英王设立的东印度公司有着不可分割的联系。1600年,英国女王伊丽莎白颁布特许状,成立东印度公司,授予其垄断好望角以东各国贸易的特权。起初,东印度公司的全称是“在东印度群岛贸易的伦敦商人的总裁和公司”。到17世纪末时,英国政府又成立了另一家“对东印度群岛贸易的英国公司”。这两家公司为了争夺对东印度的贸易垄断权,展开了激烈的竞争。1708年,政府特准这两家公司合并,定名为“对东印度群岛贸易的英国商人联合公司”。东印度公司起初在马来群岛一带进行贸易,后来才在印度建立殖民据点,并逐渐把印度变成殖民地。1609年,东印度公司开始在印度西海岸的苏拉特建立了一个商业事务所。他们利用印度政治动荡不安的局势,与那些对印度政府心怀不满的王公贵族结成同盟,攫取政权。后来,他们的势力逐渐扩大。18世纪中期,东印度公司不断与在印度的法国势力发生冲突。到1761年,英国已在印度处于绝对优势,而法国只保留了几个殖民据点。东印度公司也发生了性质上的变化。正如马克思所说的,“七年战争使东印度公司由

知识链接

英国统治印度的秘诀在于“分而治之”四个字,印度是南亚的一个大国,从16世纪初期,莫卧儿帝国就开始统治印度。表面看,印度是一个统一的庞大帝国,实际上,印度从未实现过统一。不仅各封建割据王国互相争斗,连中央内部也矛盾重重,同时,又不断受到外来势力的入侵。所以,国力非常弱小。再加上传统的种姓制度,使社会各阶层矛盾非常尖锐。在这种情况下,英国顺利闯入印度。

英国东印度公司的鸦片仓库

一个商业强权变成一个军事和拥有领土的强权”。从此,东印度公司在印度发动了一系列殖民侵略战争,最终在19世纪中期占领了整个印度。东印度公司对印度的殖民,不仅仅局限在掠夺印度的大量财富,而且还以印度为基地,向波斯湾、东南亚和东亚进行商业扩张。他们在印度种植、加工鸦片,向中国和东南亚地区走私,毒害当地人民,赚取不义之财。东印度公司把掠夺来的财富源源不断地输入英国,为英国的工业革命积累了大量的原始资本。

随着英国工业革命的发展,工业资产阶级势力上升。英国政府应这些新兴工业资产阶级的要求,开始逐渐对东印度公司进行改革。1858年,英国议会通过法案,正式取消东印度公司,规定除股本以外,公司的全部财产归英国国家所有;英国内阁设印度事务大臣,印度总督改称印度副王,为英国国王驻印度的直接代表。至此,英国政府实现了对印度的直接管辖。

20. 边打边谈

——欧洲三十年战争

1618—1648 年,欧洲历史上爆发了第一次大规模的国际战争。这次战争名义上是德意志新旧教诸侯之间的宗教斗争,实际上是神圣罗马帝国皇帝为了恢复过去因宗教改革而失去的对德意志进行绝对统治的权力,新旧诸侯为了扩大领地,欧洲大国想趁机侵略德意志领土而进行的一次战争。混战前后历时 30 年,以皇帝为首的旧教诸侯的彻底失败而结束。

16 世纪后期和 17 世纪初期,各封建王朝及诸侯之间争夺领土的斗争以及宗教派别——天主教、路德教、卡尔文教——之间的矛盾错综复杂、相互交织,构成了三十年战争的深刻背景。德国分裂为两大阵营,即“天主教同盟”和“新教同盟”。欧洲其他国家趁机干涉,妄图阻止德国统一,并趁机捞取好处。1618 年波希米亚(今捷克)人民争取独立的起义成为战争的导火索。

战争分为四个阶段:第一阶段是波希米亚阶段(1618—1625 年)。波希米亚于 1526 年并入神圣罗马帝国,居民大多信奉新教。德国皇帝企图恢复那里的天主教,并指定他的继承人、狂热的天主教徒斐迪南为捷克国王。波希米亚议会选举新教同盟领袖巴拉丁选侯腓特烈为国王,向哈布斯堡王朝宣战。一开始,捷克军进展顺利。斐迪南惊慌失措,把巴拉丁选侯的爵位让给天主教同盟的领袖巴伐利亚公爵。1620 年波希米亚和巴拉丁联盟军队战败,腓特烈逃往联合省(今荷兰),巴拉丁被西班牙占领,波希米亚成为奥地利的一个省。战争的结果令周边一些国家不能忍受。法国不能眼睁睁看着欧洲大陆兴起一个强大的德国;联合省为了争夺海上霸权,早已与老牌殖民帝国西班牙打在一起;英王关心女婿腓特烈的命运;丹麦和瑞典垂涎德国北部领土。在法国、英国、联合省的怂恿下,丹麦出兵,开始了战争的第二阶段(1625—1629 年)。但丹麦和新教诸侯的联军不堪一击,1626 年,瓦伦斯坦率领下的天主教同盟军队取得决定性胜利。丹麦被迫保证以后不再干涉德国内政。德国皇帝规定新教诸侯必须归还所占领的教会财产,还打算建立一支强大的波罗的海舰队。此举使瑞典深感不安,瑞典遂在法国的资助下发动战争,是为战争的第三阶段(1630—1635 年)。瑞典军队由具有指挥天才的国王古斯道夫率领,很快占领了大片领土,天主教同盟军惨败。但在一次战役中,古斯道夫阵亡,瑞典军队群龙无首,节节败退。此后战争进入第四阶段(1635—1638 年)。法国先对西班牙开战,随后通过多点进攻、破坏交通等方式拖住德国天主教同盟。意大利、尼德兰也成为战场。瑞典军队也重返战场。最终,哈布斯堡王朝无力再战,只得议和。从 1643 年起,双方边打边谈,一直到 1648 年才达成停战协议,历史上称之为《威斯特伐利亚和约》。

三十年战争

战争的影响是巨大而深远的。西班牙失去了欧洲强国的地位。战胜国法国获得了大片领土,成为欧洲霸主。瑞典也因此成为北欧强国。战后,荷兰和瑞士都成为独立的国家。在战争中损失最惨重的是德国,德国是三十年战争的主战场,生产力遭到严重破坏,六分之五的乡村被毁灭,波希米亚和萨克森的矿山全部被破坏,人口减少了三分之一以上,波希米亚居民战前有 300 万,战后只剩下 78 万。战争最深远的影响在于它推动了欧洲近代民族国家的发展,增加了各国的主权意识,王权代替了神权,各国都要捍卫自已国家的利益。战争结束之后,欧洲呈现出更为复杂的政治局面。

21. 第一个国际性条约

——《威斯特伐利亚和约》

1648 年 10 月 24 日,参加三十年战争的各交战国在威斯特伐利亚的明斯特城正式签订了停战和约,史称《威斯特伐利亚和约》。

> **知识链接**
>
> 《威斯特伐利亚和约》签订后,常驻外交使节观念被广大欧洲国家所接受,因此该和约的签订成为了国际关系史的开端。

当三十年战争进行到第四阶段的时候,以德皇为首的天主教同盟精疲力竭,不得不与由法国、瑞典等组成的反哈布斯堡王朝同盟议和。谈判一直从 1643 年持续到 1648 年,这之间双方打打停停,时而在战场上兵戎相见,时而在谈判桌上争吵不休。《威斯特伐利亚和约》就是这场旷日持久的战争和谈判的结果。和约实际上是由两个条约组成的,即《德法条约》和《德瑞条约》。

《威斯特伐利亚和约》的主要内容是:每一个德意志诸侯国都

享有主权,可以单独宣战与媾和;阿尔萨斯(斯特拉斯堡除外)割让给法国;梅斯、图尔与凡登三个主教区归属法国得到进一步确认;瑞典得到了波美拉尼亚等地,从而控制了德意志三条主要河流(威塞河、爱珀河与奥德河)的出海口;法国与瑞典通过领土扩张,可以在任何时候干涉德意志事务;荷兰与瑞士获得完整的主权,摆脱神圣罗马帝国而真正独立;卡尔文教派与路德教派应享有同等的权利。同时,在帝国法庭上,天主教与新教应人数相等。

这一条约的签订确定了欧洲近代初期的政治秩序,在世界历史上第一次以国际条约的方式来解决战争遗留问题,为后世处理战后问题开了先河,在国际法和国际政治上具有重大意义。此后,欧洲反拿破仑战争胜利之后签署的《维也纳条约》、一战之后的《巴黎和约》、二战之后的"雅尔塔体系",一一遵循了这种通过条约确定战争结果的做法。但是,三十年战争的非正义性决定了《威斯特伐利亚和约》的非正义性。不过,作为欧洲的第一个国际性条约,它的影响是深远的。

《威斯特伐利亚和约》以文件的形式确定了战胜国对德国领土的合法占领,德国境内出现了近300个独立的大小不同的诸侯领地和100多个独立的骑士领地。这种状况严重阻碍了德国资本主义经济的发展,使封建贵族长期在国家的政治生活中占据主导地位,德国的统一大业被推迟到19世纪60年代。

威斯特伐利亚和约(the Peace Treaty of Westphalia)的签订象征三十年战争结束

《威斯特伐利亚和约》还彻底粉碎了教皇重新控制欧洲思想的企图。天主教一统欧洲的局面一去不复返了。

西班牙是哈布斯堡王朝的成员，战争结束后，它失去了一流强国的地位，海上帝国的地位被荷兰取而代之，荷兰遂成为海上的"马车夫"。且不说西班牙的海外殖民地遭到被后来者争夺的命运，就在比利牛斯半岛，葡萄牙也脱离了它的统治。

22. 法国欧洲霸权地位的确立

——"太阳王"时代

1643 年，一个年仅 5 岁、稚气未脱的小孩继任了法国皇位，他就是后来以"太阳王"为绰号名留史册的路易十四。1661 年之前，国事基本上是由皇太后安娜任命的首相马扎然来处理的。1661 年，马扎然去世后，路易开始亲政。为了彻底医治战争给法国社会带来的巨大创伤，路易重用重商主义者柯尔伯为财政总监，致力于国力的恢复。在柯尔伯的精心治理下，法国国力迅速恢复，国内工商业和对外贸易也得到了突飞猛进的发展。

路易十四

国力的恢复使路易萌动了称霸欧洲大陆的野心。当时正值"海上马车夫”荷兰称雄西欧之际，因此，法国要问鼎欧洲首先要打败荷兰。为此，路易建立了一支由 250 多艘舰艇组成的强大海军，并兴建了敦刻尔克等一系列重要的军港。法国陆军人数也从 1667 年的 7.23 万迅速扩充到 1703 年的 40 万。另外，一支拥有 4.7 万匹战马的骑兵和一支装备精良的炮兵部队也在法军中崭露头角。经过一番充分准备后，1667 年，路易对荷兰发动了所谓的“遗产战争”。尽管法军一路势如破竹，但由于英国和瑞典的干涉，法国几无所获。1672 年，法国卷土重来。为了避免重蹈覆辙，路易在战前先展开了积极的外交努力。他趁英格兰王室财政拮据之际，与其达成瓜分荷兰的协议。另外，他还争取到了瑞典在法荷战争中保持中立的承诺。尽管如此，由于西班牙、德意志诸侯的介入，再加上英国的倒戈，法国再次陷于孤立，被迫媾和。经过两次法荷战争，路易只攫取了荷兰南部很少的一部分领土。此后，路易调整了出击的方向，相继吞并了斯特拉斯堡、阿尔萨斯等与其接壤的几个德意志邦国，并出兵占领了今卢森堡一带。1684 年，神圣罗马帝国皇帝与“太阳王”签署了一项协议，正式承认以上领土为法国所有。至此，法国在欧洲的霸权达到了顶峰。

知识链接

路易十四对历史的影响还有一点非常有趣。他因为身材较矮，便穿上了特制的15厘米高的鞋子以增强威严感，结果全国上下争相效仿，发展为后来风靡全世界的高跟鞋。

法国咄咄逼人的扩张态势从一开始就引起了欧洲各国的高度警惕和不安。1686 年，在荷兰的倡议下，荷兰、西班牙、神圣罗马帝国、德意志各邦、意大利各诸侯以及英国联合起来组成了反法的“奥格斯堡同盟”。随后法国和同盟争夺莱茵河地区的普法尔茨战争打响。经过十年的鏖战，双方两败俱伤，最终同意维持战前的疆界。1700 年后,西班牙王位的继承问题又引发了长达十余年的欧洲战争。法国再次与英国、荷兰、葡萄牙、除巴伐利亚和科隆之外的德意志各邦对阵疆场。战后虽然路易的孙子菲利普获准继承了西班牙王位,但他却被迫放弃了继承法国王位的权力。路易十四图谋欧洲霸权的努力再次受挫。1715 年,随着“太阳王”的去世,法国称霸欧洲大陆的时代最终宣告结束。

路易十四咄咄逼人的扩张努力使法国几乎总是与整个欧洲为敌,从而极大地削弱了法国的实力,使法国在此后世界霸权的争夺中输给了英国。

23. 17、18 世纪的海上争霸

——英国霸权地位的确立

英法战争

16 世纪上半期,西班牙、葡萄牙是当时世界上最强大的商业殖民帝国,两个国家为争夺霸权展开了尖锐斗争。由于葡萄牙本国没有雄厚的工业基础,也没有军事实力来保卫自己的利益,结果,西班牙在斗争中获胜,并在 1580 年兼并了葡萄牙,后者的地位从此一落千丈。但西班牙也好景不长,16 世纪末的尼德兰革命,使西班牙失去了最

富庶的欧洲属地荷兰，这对西班牙的霸权是一个沉重的打击。1588年，英国海军击败了西班牙的“无敌舰队”，大大削弱了西班牙的海军实力。在17世纪上半期的三十年战争中，西班牙损失了300艘战舰，海军几乎全军覆没。1655年，在英西战争中，西班牙失去了西印度群岛中的重要海岛——牙买加。1658年在对英国的战争中，西班牙失去了欧洲西海岸的重要商港敦刻尔克。在西班牙王位继承战中，它转让了其欧洲属地——南尼德兰和意大利领地给奥地利，又把对西班牙殖民地的奴隶贸易独占权给了英国。这样，西班牙殖民帝国就衰落了。

17世纪上半期，荷兰成为世界上头等贸易殖民帝国，成为著名的“海上马车夫”。荷兰早在16世纪就大力发展航运业。到17世纪，荷兰商人几乎垄断了全世界的贸易，它拥有世界上最为庞大的商船队，仅从事捕鱼及运鱼的船只就达6 400只。波罗的海的全部贸易、对印度的贸易、对美洲殖民地的贸易都掌握在荷兰人手中。但是，就在荷兰执世界贸易之牛耳之时，英法崛起，开始向荷兰提出挑战。

17世纪，法国已经在北美建立了加拿大、路易斯安娜两块殖民地，并开始征服印度，建立了本地治里、昌达那加等贸易站。后又在西印度夺取马提尼克及瓜德罗普岛屿，在非洲占领马达加斯加、战雷及塞内加尔河口。英国也在17世纪开始殖民活动，在北美大西洋沿岸建立殖民地，到1688年，已经建立了10个殖民地。同时，英国还侵入印度，1688年在印度建立了三个重要据点：加尔各答、圣乔治要塞和孟买。在西印度群岛，英国占领牙买加、巴巴多斯和巴哈马。在非洲，英国又占领了冈比亚和黄金海岸。另外，英法还通过战争打击荷兰。17世纪后半期，英国通过三次英荷战争，给荷兰以致命打击，迫使荷兰承认英国颁布的“航海条例”，荷兰丧失了海上霸主地位,同时也失去了在北美的殖民地新尼德兰,从此一蹶不振,成为英国在政治上的小伙伴。

打败荷兰后,英国只剩下法国一个劲敌,双方开始进行激烈较量。自 1689 年英国资产阶级取得统治地位后,英国便开始了与法国的长期争夺。为了打败法国,英国在欧洲大陆上拉拢和利用反法国家与法国作战,英国则集中力量发展海军,夺取法国的海外殖民地。在英法争霸战争中,一共有四次重要战争:1689—1697 年圣奥格斯堡同盟战争、1702—1713 年西班牙王位继承战、1740—1748 年奥地利王位继承战和 1756—1763 年英法七年战争。这几次战争特别是七年战争,法国损失惨重:它丧失了除沿海几个贸易据点之外的所有印度殖民地;在北美,法国只剩下了纽芬兰沿岸的两个小岛及西印度群岛上的几个岛屿;在南美,法国只保留了圭亚那一块殖民地。英国则获取了印度大部分,包括北美整个圣劳伦斯河及密西西比河以东的广大地区及格林纳达岛。此外,它还取得了西班牙的佛罗里达。这样,经过三个世纪的海上争霸战争,英国一跃成为世界上最强大的殖民帝国。

24. 多灾多难的国家

——波兰三次被瓜分

波兰地处波罗的海和黑海之间，幅员辽阔，人口众多，是俄国通向欧洲的走廊，也是欧洲防御俄国西侵的屏障，具有十分重要的战略地位。波兰由于国内农奴制度的腐朽统治，到 18 世纪中叶已衰弱不堪，成了列强觊觎分割的对象。俄国一直想吞并波兰，认为“波兰是实现俄国对世界霸权的贪欲的最重要的工具”；普鲁士和奥地利则始终觊觎着波兰的领土，前者要夺取使普鲁士不能连接在一起的波兰领土，后者想削弱波兰，他们担心俄国独吞波兰，破坏东欧的均势，给他们带来危险。

18 世纪后期，俄普奥对波兰进行了三次瓜分。

第一次瓜分是在 1772 年。1764 年，沙皇叶卡捷琳娜二世把波尼亚托夫斯基扶上波兰王位，利用这个傀儡不断加强俄国在波兰的势力，等待时机对波兰实行兼并，实现西进夺取欧洲霸权的目标。1768—1774 年的俄土战争中出现了俄国独吞波兰的形势，普奥非常震惊，他们联合起来对俄国施加压力，俄国为了取得俄土战争的胜利，避免外交上的孤立，只得暂时放弃独吞波兰的计划，转而采取了由俄普奥三国瓜分的政策。1772 年 7 月，三国在彼得堡签订了第一次瓜分波兰的条约。俄国占领了西德维纳河、德鲁奇河和第聂伯河之间的白俄罗斯地区和一部分拉脱维亚地区，面积达 92 000 平方千米；普鲁士夺取了瓦尔米亚、波莫热、海若姆诸省（托伦省除外）、马尔鲍克省大部分及库亚维亚等地区，面积约

叶卡捷琳娜二世

36 000平方千米;奥地利分得的面积约83 000平方千米。

1791年5月,在法国大革命的影响下,波兰革新派通过了挽救国家独立的“五三宪法”,废除了俄国强加给波兰的根本法,引起了俄国的仇视和恐惧。1792年5月,俄国出兵10万,对波兰进行武装侵略。7月底,俄普联合出兵波兰,攻陷了波兰首都华沙,废除了“五三宪法”,镇压了波兰革新运动。之后,俄国和普鲁士谋划了对波兰领土的第二次瓜分。俄普利用奥地利为夺回奥属尼德兰而陷入对法作战的困境,把它排除在外。1793年1月,俄普签署了第二次瓜分波兰的协定,俄国占领了白俄罗斯地区的一部分(包括明斯克)、立陶宛的一部分和大部分乌克兰土地,共25万平方千米;普鲁士占领了但泽、波兹南、卡里什、陈斯比霍夫、托伦等地的几个省,共58 000平方千米。

俄普的第二次瓜分引起波兰人民的强烈反抗,1794年3月波兰军民举行了起义,成立了临时政府,俄普奥侵略者十分惊恐,他们急忙勾结起来,进行血腥镇压。1795年1月,俄奥首先签订瓜分协定,10月,普鲁士加入进来。根据协定,俄国吞并了立陶宛、库尔兰、西白俄罗斯等12万平方千米的波兰领土;奥地利割走了包括卢布林在内的全部小波兰和一部分玛佐夫舍地区,共47 000多平方千米;普鲁士占领了其余的西部领土、华沙等地区,共48 000平方千米。至此,波兰全部被瓜分。波兰国家从欧洲政治版图上暂时消失了。

俄国瓜分波兰土地最多,大大推进了它的西进扩张政策,俄国夺取了欧洲长廊,进而可以瓜分德国,直插欧洲心脏;普鲁士瓜分波兰的领土虽然没有俄国多,但它所占的那部分无论从经济上、战略上的价值都很大,对普鲁士实力的发展起了重要的作用。由于瓜分波兰后,俄普实力的增强,以及其对欧洲国际关系的作用,出现了欧洲政治中心东移的态势;波兰被瓜分后,富有革命传统的波兰民族不断起义,给欧洲政治局势以深远影响,波兰问题成了国际上的一个重要问题。

25. 贪得无厌

——沙皇俄国的领土扩张

沙皇俄国的历史,是一部侵略扩张的历史。从第一代沙皇伊凡四世(1533—1584 年)起,在莫斯科公国的基础上,就不断地进行对外侵略扩张。在东方,它吞并了西伯利亚,把侵略矛头伸向中国;在西方,它兼并了东乌克兰,不断地蚕食毗邻国家的领土。彼得一世改革之后,俄国经济有所发展,沙皇俄国的侵略野心更加膨胀。它不再满足于占领新的领土,还想充当欧洲霸主,特别想夺取世界霸权。到 18 世纪,俄国夺得了通向北方波罗的海和南方黑海的出海口,为进一步向欧洲侵略扩张奠定了基础。

19 世纪 30 年代,俄国开始了工业革命。资本主义的发展,加深了农奴制的危机。为满足贵族地主的贪欲和资本主义发展的需

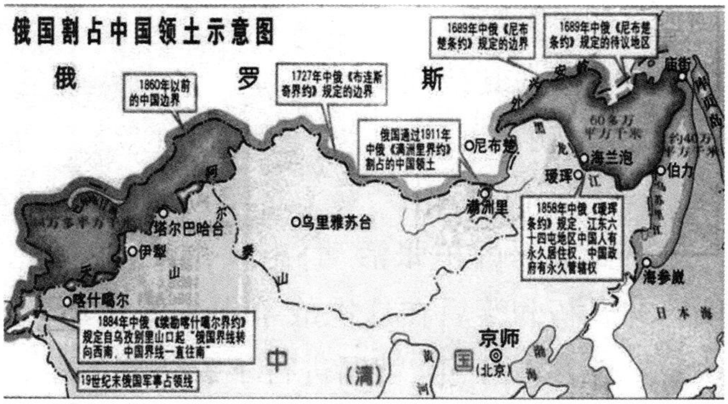

沙俄对中国的领土侵略图

要，缓和国内阶级矛盾，转移人民的视线，俄国统治者继承历代沙皇企图建立一个世界帝国的衣钵，变本加厉地进行领土扩张。由于俄国的资本主义发展水平远远落后于欧美主要资本主义国家，因此它的对外扩张不是以商品输出和抢占海外殖民地的方式进行，而是凭借军事力量对周围地区蚕食鲸吞，将其直接并入自己的版图的方式来实现的。

1807 年，沙皇亚历山大一世和拿破仑签订了《提尔西特和约》，规定俄国可以攫取芬兰。第二年年底，俄国完全占领了芬兰。1809 年，俄军进攻瑞典，击败瑞典军队，并迫使瑞典签订条约，瑞典割让了包括阿兰群岛在内的芬兰，芬兰成为俄国境内的一个大公国，沙皇兼任芬兰大公。在维也纳会议上，俄国伙同普奥两国再次瓜分波兰，攫取了波兰大部分地区。1826—1828 年，俄国击败了伊朗，迫使伊朗割让了几乎全部格鲁吉亚、北阿塞拜疆和东亚美尼亚，还向俄国赔款 2 000 万银卢布。1828 年春天到 1829 年秋天，俄国对奥斯曼帝国发动了战争，吞并了高加索的整个黑海海岸，并迫使奥斯曼帝国承认了它吞并了从伊朗得到的南高加索地区的事实。俄国还逐步向中亚推进，到 19 世纪中后期，吞并了包括今哈萨克斯坦、吉尔吉斯斯坦、塔吉克斯坦、乌兹别克斯坦和土库曼斯坦在内的广大地区，面积近 390 万平方千米。

沙皇俄国的侵略扩张导致了与其他列强的冲突。1853 年，英国和法国不满俄国对奥斯曼帝国的扩张活动，出兵干涉，于是克里米亚战争爆发。俄国的腐朽和落后在这次战争中暴露无遗，结果俄国惨败，沙皇饮恨自杀。1861 年，俄国进行了农奴制改革，迈进了资本主义的门槛。

> **知识链接**
>
> 1861年的改革是农奴主自上而下的带有浓厚封建色彩的资产阶级性质的改革。

19 世纪中后期，俄国通过与中国签订的一系列不平等条约，如《爱珲条约》《天津条约》《北京条约》《中俄勘分西北界约记》等，陆续割占了中国共计 150 多万平方千米的广阔地区，相当于现在我国东北三省面积的两倍。为了争夺对我国东北的控制权，还引发了日俄战争，战败后俄国不得不遗憾地收缩手脚。到 19 世纪末 20 世纪初，俄国已经成为一个地跨亚欧两大洲的庞大帝国，领土面积占世界陆地面积的六分之一。

26. 法国建立欧洲霸权的最后尝试

——拿破仑帝国

拿破仑·波拿巴是一个让法国人引以为豪的名字。拿破仑在法国大革命之初,就曾因其出色的军事指挥才能,在法国上层社会中赢得了广泛的声誉。1799 年 11 月 9 日,拿破仑通过“雾月政变”登上了法国政治舞台,建立了以他为第一执政的三人临时政府。与此同时,他又迫使共和国立法机构通过新的宪法,其中明文规定,共和国的一切权力由第一执政掌管。拿破仑集国家大权于一身。

知识链接

拿破仑说:“要主宰世界只有一个诀窍,那就是要强大,因为力量强大就无所谓错误,也没有幻想可言;这是赤裸裸的真理。”

面临严峻的国内外形势,拿破仑推行了一系列积极的政治、经济和文化政策,很快博得了法国民众的一致拥护。1800 年,以英、奥、俄等国为首的第二次反法同盟从四面八方向法国发起了军事进攻,企图颠覆法国的共和政府。拿破仑凭借其卓越的军事指挥才能和法兰西人民空前高涨的民族热情,迅速打垮了第二次反法同盟的进攻。拿破仑的威望一时达到顶峰。人民的热情拥护、个人的虚荣、政治小丑们的争荣献宠以及接连败露的复辟阴谋使拿破仑萌生了南面称帝的野心。1803 年 8 月,拿破仑在著名的巴黎圣母院加冕成为法兰西皇帝。拿破仑帝国正式诞生。

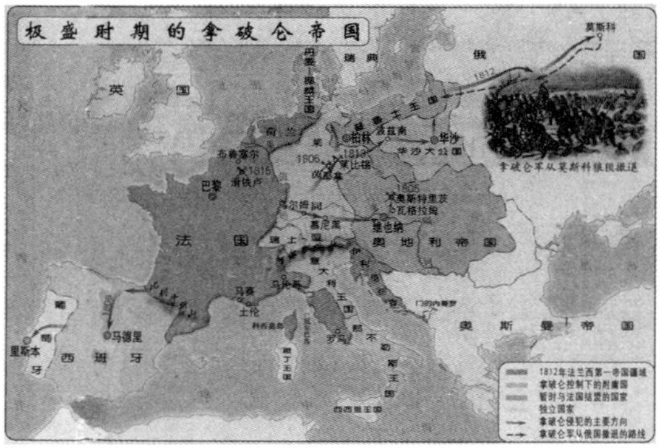

极盛时期的拿破仑帝国版图

帝国建立后不久，拿破仑又打败了欧洲第三次反法同盟的进攻。拿破仑的接连获胜引起了欧洲其他专制王朝和英国的极大恐慌。1806 年，以英、俄、瑞典和普鲁士为核心的空前强大的第四次欧洲反法同盟成立。面对来自四面八方的疯狂反扑，拿破仑沉着迎战，再次迅速地粉碎了欧洲反法势力的进攻。法军不但攻克了普鲁士首府柏林，迫使其放弃易北河以西的领土，同意将军队人数限制在 4 万以内，并向法国赔款 1 亿法郎，而且还攻破了俄国边界，沙皇被迫求和，放弃了在波兰瓜分的一部分领土。英国则缩回了英伦三岛，据险自保。1805 年，法军登陆不列颠失败后，拿破仑宣布对英国实行“大陆封锁”政策，禁止法国及其属地与英国人进行贸易，企图将英国人困死在英伦三岛上。但由于英国控制了大西洋的制海权，因此，“大陆封锁”政策并未对英国造成多大的伤害。相反，由于丧失了英国广阔的市场、丰富廉价的货源和富余的资金，包括法国在内的欧洲大陆各国却深受其害。

拿破仑

1808 年，西班牙革命标志着

拿破仑帝国衰落的开始。为了平息革命,法国付出了沉重的代价。正当鞍马劳顿的法军需要修整时,拿破仑又犯了一个致命的错误——远征俄国。1813 年,拿破仑率领 66 万大军长途奔袭俄国。尽管法军一路势如破竹,但由于恶劣的气候条件,再加上法军未做好必要的准备工作,结果遭到惨败,拿破仑帝国元气大伤。英、奥、俄、普等国趁机再次结成反法同盟。1813 年的莱比锡战役以及两年后的滑铁卢(今比利时境内)战役最终宣判了帝国的死刑。

拿破仑战争将争取自由和独立的种子撒遍了欧洲大陆,从而推动了欧洲民族国家形成的步伐,它也是法兰西人最后一次体会到独霸欧洲的光荣和自豪。

27. 中国与欧洲国家的第一个平等条约

——《中俄尼布楚条约》

清朝康熙皇帝即位之际,正值中国历史的危急关头。国内危机四伏:辅臣跋扈,三藩心怀不轨,准噶尔伺机叛乱,台湾同祖国大陆尚未统一。国际形势也十分紧张,西方殖民主义势力分别从东南沿海和北部边疆伸进了中国。在北方,俄国于 16 世纪末 17 世纪初就越过西伯利亚,窜到中国边境,进犯中国黑龙江流域。1643 年和 1654 年中俄发生两次交锋,俄国战败,到 1660 年,黑龙江中、下游的俄国势力已全部肃清。但到康熙即位之初,俄国军队卷土重来,侵犯雅克萨、尼布楚等地。1682 年,康熙已基本上解决了国内纠纷,于是决定勘定黑龙江,驱逐俄人势力。1685 年和 1686 年,

知识链接

清史专家戴逸先生说:《尼布楚条约》保障了中国东北边境一百多年的安定和平,为清王朝后来平定西北、西南地区的叛乱提供了稳定富饶的大后方,对于清朝的发展和繁荣、"康乾盛世"局面的出现,具有非常关键的作用和非常重要的历史意义。

康熙两次派兵围攻雅克萨,俄军大败。俄皇同意和谈。1689 年 9 月 7 日中俄正式缔结和约,即《尼布楚条约》。

《尼布楚条约》的主要内容有:第一,以流入黑龙江之淖尔纳河,即鞑靼语所称乌伦穆河附近之格尔必齐河为两国之界。格尔必齐河发源处为外大兴安岭,此岭直达于海,亦为两国之界:凡岭南一带土地及流入黑龙江大小诸川,应为中国管辖;其岭北一带土地及川流,应归俄国管辖。惟介于兴安岭与乌第河之间诸川流及土地应如何划分,今尚未决,此事须待两国使臣各归本国,详细查明之后,或遣专使,或用文牍,始能定之。又流入黑龙江之额尔古纳河亦为两国之界:河以南诸地,尽属中国;河以北诸地,尽属俄国。凡在额尔古纳河南岸勒克河口诸房舍,应悉迁移于北岸。第二,俄人在雅克萨所建城障,应即尽行除毁,俄民之居此者,应悉带其物用,尽数迁入俄境。第三,此约定以前所有一切事情,永作罢论。自两国永好已定之日起,嗣后有逃亡者,各不收纳,并应械系遣还。第四,现在俄民之在中国或华民之在俄国者,悉听如旧。第五,自和约已定之日起,凡两国人民持有护照者,俱得过江来往,并许其贸易互市。第六,和好已定,两国永敦睦谊,来自边境一切争执永予废除,倘各严守约章,争端无自而起。《尼布楚条约》最后规定该约将以华、俄、拉丁诸文刊之于石,置于两国边界,以作永久界碑。

条约明确规定,从外兴安岭至海、格尔必齐河到额尔古纳河为中俄两国的边界,从法律上肯定了原属中国的黑龙江和乌苏里江流域的广大地区都是中国的领土。中国方面把原属中国领土的尼布楚让给俄国。

中俄签订《尼布楚条约》时的场景

《尼布楚条约》是中国同欧洲国家订立的第一个正式的、而且是平等的条约。当时尽管清王朝的兵力占明显优势,但康熙仍只求在平等的基础上缔结条约。这项条约有效地遏制了俄国对中国领土的扩张野心,保证了中国东北边疆比较长久的安宁,并使中俄在以后一百多年间大体保持了正常的贸易关系。

28. 拉丁美洲的解放者

——玻利瓦尔

西蒙·玻利瓦尔(1783—1830 年),19 世纪初拉丁美洲独立运动最杰出的领袖之一。他领导了 1810—1821 年期间委内瑞拉、哥伦比亚、厄瓜多尔和秘鲁的独立战争,建立了联合委内瑞拉、哥伦比亚和厄瓜多尔的大哥伦比亚共和国及秘鲁、玻利维亚等国家,是南美共和制的奠基人。

1783 年 7 月 24 日,玻利瓦尔出生于委内瑞拉加拉加斯城一个富有的土生白人家庭,自幼受到良好的教育。他在青少年时期深受资产阶级革命思想的熏陶,崇信卢梭主张的社会平等和民主思想，憎恨腐朽的西班牙殖民统治，蔑视教会，厌恶封建等级制度。

> **知识链接**
>
> 早在欧洲留学时，玻利瓦尔就立下誓言："不打碎西班牙殖民者束缚我的祖国的枷锁，我的心将不安宁。我的手将不倦地打击敌人！"

1807年2月，玻利瓦尔从欧洲回到加拉加斯，投身于拉美革命的洪流。1810年4月19日，加拉加斯市民发动起义，赶走西班牙驻委内瑞拉的都督和官吏，成立了自己的管理委员会——"爱国洪达"。玻利瓦尔积极参加新政权的革命活动，并组织"爱国社"与保守派展开斗争。1811年3月，加拉加斯召开委内瑞拉第一届国民会议，7月爱国者在玻利瓦尔领导下包围国会，迫使国会通过了独立宣言，宣布委内瑞拉为共和国，即第一共和国。但1812年7月，第一共和国被殖民者绞杀。

玻利瓦尔

此后，玻利瓦尔离开委内瑞拉到新格林纳达的卡达赫纳城，在新格林纳达革命政府援助下，组建了一支由哥伦比亚和委内瑞拉爱国者参加的军队。1813初，玻利瓦尔率领这支军队翻越海拔4 000多米的安第斯山脉，向委内瑞拉进军。1813年7月他率军解放了加拉加斯，宣布成立第二共和国，并接受"解放者"这一称号。但1814年8月，玻利瓦尔军队被殖民军打败，第二共和国夭折。

1815年玻利瓦尔流亡牙买加。1816年从海地出发进军委内瑞拉。6月，玻利瓦尔颁布法令，宣布废除奴隶制，解放黑奴。1817年解放了东部重要城市安哥斯图拉，1819年宣布成立第三共和国，玻利瓦尔当选为总统。1819年2月，他率爱国军主力，长途跋涉，越过安第斯山，进攻哥伦比亚境内的殖民军，消灭其主力，解放了波哥大城，成立由委内瑞拉和新格林纳达组成的大哥伦比亚共和国，玻利瓦尔仍然当选为总统。1821年6月，玻利瓦尔重新解放加拉加斯，同时他又派苏克雷将军进攻基多，1822年基多解放，厄瓜多尔也并入大哥伦比亚。1823年，他应秘鲁革命者要求进入秘鲁。1823年8月，经过胡宁战役和阿亚库桥战役，玻利瓦尔打败西班牙殖民军，秘鲁成立以印第安人为主的新国家，玻利维亚这一国名就是为了纪念玻利瓦尔而起的。1826年1月，最后一批殖民军投降，波澜壮阔的拉美独立革命胜利结束。

29. 悄然引退的拉美解放者

——圣马丁

何塞·圣马丁(1778—1850年)，西班牙美洲殖民地人民争取独立解放的杰出领导人之一。他积极参加并领导了阿根廷及南美洲的独立运动和解放战争，巩固了阿根廷共和国，建立了智利共和国，并为秘鲁共和国的建立奠定了基础，为拉美的民族解放事业作出了不可磨灭的贡献。

1778年2月25日，圣马丁出生于一个西班牙军官家庭，1808年加入了以解放美洲为宗旨的秘密组织“劳塔罗社”。1812年3月，他从欧洲返回布宜诺斯艾利斯，开始筹建和训练军队，并发起组织了“劳塔罗互济会”。阿根廷许多军事将领、革命派领袖和社会知名人士都参加了互济会组织。1812年10月，圣马丁率领军队开进布宜诺斯艾利斯，迫使放弃“五月革命原则”、违背人民意愿的第一届三人执政委员会下台，组成了第二届三人执政委员会。1813年1月，三人执政委员会召开制宪会议，通过了废除奴隶买卖、解放奴隶等一系列重大决议。1816年3月，阿根廷正式宣告独立。

圣马丁

1814年，圣马丁开始实施解放秘鲁进而解放整个南美洲的军事远征计划。1816年，圣马丁的远征军改名为“安第斯山军”。1817年1月，圣马丁指挥一支训练有素、纪律严明、装备齐全的正规军5 500人出发，翻越安第斯山，向智利北部和中部挺进。2月，远征军击溃殖民军，进入智利首府圣地亚哥。1818年4月，他率军与西班牙军队激战于迈普平原，大获全胜，稳定了智利局势。在智利期间，圣马丁筹建了智利海军。经过两年的充分准备，1820年8月，圣马丁从智利出发，9月远征军在秘鲁登陆。圣马丁以海军封锁殖民军，派遣陆军

知识链接

圣马丁享有“南美洲的解放者”，秘鲁、智利、阿根廷三个共和国的“祖国之父”和“自由的奠基人”、“南方的华盛顿”等各种称号。

深入内地和山区，与起义军和游击队配合，牵制和分散殖民军兵力。1821 年 7 月，在与秘鲁总督和谈未果而撤入山区后，圣马丁顺利进入利马，他被推举为秘鲁新的国家元首“护国公”。

秘鲁立国后，圣马丁认为敌人已经孤立，丧失了战斗力，因而希望和平解决秘鲁的独立问题，主张秘鲁采用君主制，甚至企图拥立西班牙王室成员为秘鲁国王，以换取西班牙及欧洲国家对秘鲁独立的承认。但是他的“和平攻势”及君主制主张遭到远征军和秘鲁爱国者的反对，而西班牙的秘鲁总督也不接受秘鲁独立的要求。圣马丁于是改变主张，放弃和平攻势，制定了解放秘鲁的军事计划，并与已解放了厄瓜多尔的玻利瓦尔联系，决定在瓜亚基尔会晤。1822 年 7 月 25 日，圣马丁乘船抵达瓜亚基尔，两次与玻利瓦尔进行秘密会晤。27 日他悄然回到秘鲁，突然决定隐退。1822 年 9 月，他在秘鲁第一届国民大会上辞去了“护国公”的职务。当晚即乘船离开秘鲁回阿根廷，不久离开布宜诺斯艾利斯，移居法国，直到 1850 年逝世。

30. 均势外交的奇才

——梅特涅

梅特涅是奥地利历史上著名的政治家、外交家，一贯敌视革命运动和民族解放运动，是 19 世纪上半叶欧洲政治舞台上显赫一时的人物，以擅长外交权术著称。在 1848 年前的近 40 年的时间里，他长期担任奥地利外交大臣，以其成功地在欧洲大陆推行“均势外交”而闻名遐迩。

1814年拿破仑战争基本结束的时候，奥地利已是满目疮痍，恢复奥地利昔日在欧洲大陆的地位便成为梅特涅面临的一个主要问题。为此，梅特涅首先利用俄、英、普等国之间的矛盾，使处理战后事务的会议在奥地利首都维也纳召开。

均势外交的奇才——梅特涅

1814年10月，维也纳会议开幕，梅特涅出任会议主席。面对复杂的形势，梅特涅主动放弃奥地利对尼德兰（今荷兰、比利时和卢森堡）的主权要求，从而在和会一开始便处于强有力的外交地位。波兰和萨克森问题是会议争论的一个焦点。奥地利极力反对俄国吞并波兰和普鲁士占领萨克森，以免使奥地利在西北和东北边境上受到威胁。当时，英国对俄国向中欧扩张心存疑忌，法国反对普鲁士吞并萨克森。于是，梅特涅便与英、法达成三国秘密同盟，共同反对俄、普对波兰和萨克森的野心。最后，波兰和萨克森问题以有利于奥地利的方式得以解决。

梅特涅在维也纳会议上的另一个主要目标是确保奥地利在德意志各邦国中的优势地位。当时，普鲁士正跃跃欲试，企图与奥地利争夺德意志的霸权。在这种情况下，梅特涅利用法、俄、英等国不愿看到在中欧出现一个强大的普鲁士的心态，坚决反对在德意志建立一个强大的中央政权。会议最后同意在德意志建立一个松散的邦联，由梅特涅担任邦联议会议长。由于梅特涅施展各种外交手段，展开幕前和幕后活动，终于确保了奥地利在欧洲、德意志联邦中的优势地位,被维也纳与会国誉为"蝴蝶大使"。

维也纳会议之后,为了巩固新确立的有利于奥地利的欧洲格局,梅特涅又积极奔走于列强之间,促成了由奥、俄、普三国发起的"神圣同盟"。为了抵消这一同盟中俄国的影响,梅特涅又积极拉拢与俄国有矛盾的英国,组成了英、俄、奥、普"四国同盟"。梅特涅成了"神圣同盟"和"四国同盟"组织的核心人物。后来,梅特涅支持列强从法国撤军,并支持法国也加入"四国同盟",使四国同盟扩大为"五国同盟",欧洲大国之间的均势至此基本形成。在此后相当长的一段时期里,欧洲基本上保持了一个相安无事的局面。

梅特涅虽然是一个极其反动的政治家,但这并不能掩盖他外交上的超凡天才和卓越成就。他成功地使拿破仑战争之后元气大伤的奥地利恢复了战前在欧洲的重要影响,并一度称霸欧洲大陆。他俨然以"欧洲首相"自居。梅特涅推行的"大国均势"外交策略为后人广为效仿。英国保守党党魁迪斯累利和德意志"铁血宰相"俾斯麦继承梅特涅的衣钵,在国际政治活动中使用梅特涅的外交手腕。美国前国务卿基辛格对梅特涅也十分推崇,曾极力在国际关系中推行梅特涅式的外交策略。

31. 重组欧洲大陆秩序

——维也纳会议

战胜了拿破仑帝国之后,英国、俄国、普鲁士和奥地利组成的反法同盟决定召开一次会议,以便重新确定欧洲秩序。1814 年 10 月到 1815 年 6 月,除奥斯曼土耳其外,所有欧洲国家在奥地利首都维也纳召开了重组欧洲大陆秩序的会议——维也纳会议。

参加这次会议的,还有欧洲各封建君主国的王公贵族和高官显宦。很久以来,拿破仑帝国的军事活动冲击、破坏了他们的权力和地位,因而遭到了他们的极端仇视。他们渴望回到往日寻欢作乐的生活中去。在漫长的会议期间,宴会、舞会不断,因此有人评论说维也纳会议是一场跳舞大会。尽管与会各国代表人数庞大,但真正操纵会议的只有四国代表:俄国沙皇亚历山大一世、英国外交大臣卡斯尔瑞、奥皇弗兰茨一世和奥地利首相梅特涅、普鲁士国王威廉三世和全权代表哈登堡,所有的重大决策都是由他们秘密决定。

法国作为战败国也参加了这次会议,主要目标是保持法国领土的完整和恢复强国地位,为此,塔列朗适时地提出了"正统主义"的原则,即恢复欧洲在18世纪末法国资产阶级革命期间和19世纪初被推翻了的各个"正统王朝"和君主制度。这一"正统原则"很快被梅特涅等人接受而成为维也纳会议的主题。此外,列强又采取了所谓"补偿原则"。战胜国失此得彼,用相当的领土补偿旧日统治者的损失,重新划分欧洲的政治地图。

维也纳会议上,英、俄、普、奥各有扩张野心,在如何瓜分领土的问题上争吵不休。拿破仑趁机潜返法国,造成了"百日帝国"的局面,欧洲各国顿时陷入混乱之中。他们不得不暂时休会,调派兵力来对付拿破仑。"百日帝国"缓解了各国之间的矛盾,使他们意识到共同利益之所在。1815年6月签订了"最后议定书",维也纳会议结束。

会议根据"补偿原则"即欧洲几个大国在重新划定政治版图的时候有所失亦应有所得的原则,对各国领土作了较大的变动。俄国占领了波兰9/10的领土,其中包括首都华沙,还占领了芬兰和比萨拉比亚。德意志的35个邦国和自由市组成了德意志邦联，奥地利在邦联中雄居首席，与之争雄的是普鲁士。至于联邦内领土的调整，则由奥、普两国确定，这样德意志邦联内的弱小国家就处于任人宰割的地位，结果普鲁士取得北萨克森、莱茵省和威斯特伐里亚、波兰的波兹南、但泽以及瑞典的波美拉尼亚。法国维持1792年前的疆界。意大利四分五裂的局面得到维持。奥地利还占领了意大利北部的广大地区，包括伦巴底和威尼斯。这次会议承认瑞士为永久中立国，强行把比利时同荷兰合并，把挪威同瑞典合并。英国在地中海占有了马耳他，在印度洋夺得毛里求斯，从荷兰手中夺取了南非的开普殖民地和锡兰（斯里兰卡），还从法国手中得到西印度群岛的多巴哥和圣路西亚。进一步巩固和增强了海上力量。

维也纳会议（Congress of Vienna），欧洲第六次反法同盟打败拿破仑一世后举行的国际会议

按照法国提倡的“正统主义”的原则，许多被推翻的旧王朝恢复了他们的统治，如法国、西班牙、那不勒斯的波旁王朝，葡萄牙的布拉冈王朝，尼德兰的奥伦治王朝，萨丁国的萨伏伊王朝，教皇重新成为教皇国的首脑，德意志邦联内的许多王公也卷土重来。

维也纳会议既是一次英、俄、普、奥的分赃会议，也是一次重新构筑欧洲旧秩序的会议，会议一味满足大国的扩张野心，任意宰割弱小国家，践踏民族意识和民族主义的潮流，重新树立已经僵死的封建旧秩序,违背了社会发展的趋势和人民的意愿。这种强权政治损害了欧洲人民的利益,必然要遭到各国人民的反对,所谓的“维也纳体系”必然要遭到破产。

32. 四处插手

——神圣同盟的建立

为了维护维也纳会议所确立的反动秩序,特别是防止和镇压随时发生的革命运动,1815 年 9 月 26 日,俄国沙皇亚历山大一世联合奥地利皇帝弗朗茨一世、普鲁士国王威廉三世共同发表宣言,成立“神圣同盟”。宣言主要内容是宣称三国君主根据基督教教义结成真正的不可分割的关系,无论何时、何地都必须提供互相援助,以保卫宗教、和平和正义。实际上是以保卫基督教教义的名义互相勾结起来,保卫君主制度和镇压革命运动。此后,除英国、教皇和土耳其外,所有欧洲国家都加入了这一同盟。

神圣同盟的核心是沙皇俄国。沙皇俄国的力量在维也纳会议后得到了前所未有的发展,是公认的欧洲大陆的头号军事强国。它统治波兰后不仅打通了走向柏林和维也纳的通路,而且在中欧形成与普、奥三分天下的局面,为俄国的西部边界提供了可靠的屏障,俄国在欧洲大陆的这一有利的政治形势,使欧洲各国封建君主都为之恐慌,他们在许多问题上不得不与俄国紧密配合。于是,沙皇俄国成为欧洲大陆的霸主和反动势力的堡垒。神圣同盟保护之下的反动势力制止革命和资产阶级自由思想的传播,欧洲重新陷入黑暗的深渊。

神圣同盟的活动大体可分为三个时期：第一时期从 1815 年 9 月同盟成立到 1822 年底，是神圣同盟活动最为猖狂的时期，它召开国际会议，作出进行反革命干涉活动等种种决议；第二时期从 1823 年组织法国对西班牙进行武装干涉至 1830 年法国爆发“七月革命”，神圣同盟与英国的矛盾分歧充分暴露，同盟开始瓦解；第三时期从 1830 年革命至 1848 年欧洲革命，神圣同盟崩溃。

知识链接

神圣同盟是1815年9月，在沙皇亚历山大一世的倡议下，奥地利、俄罗斯和普鲁士三国君主——奥地利皇帝法兰西斯一世、俄罗斯皇帝亚历山大一世和普鲁士国王腓特列•威廉三世——打败拿破仑后缔结的同盟，目的是维护君主政体，反对法国大革命在欧洲所传播的革命理想。另外意大利足坛也有神圣同盟的说法。

神圣同盟成立后的最初四五年里，欧洲的形势还让神圣同盟较为满意。在 1818 年的亚琛会议上同意法国加入。沙皇还要求同盟国派兵镇压拉丁美洲的独立运动，但英国出于自己海外扩张的野心而加以反对，会议最后只能发表一个空泛的宣言。然而此时羽翼未丰的美国却趁机抛出了一个“门罗宣言”，侵略野心暴露无遗。

尽管神圣同盟以维护现状为己任，但当时欧洲资本主义的发展已逐渐加速并成为不可逆转之势。维也纳会议所确定的反动秩序很快便出现了重重危机。1820 年西班牙和意大利境内的萨丁王国、那不勒斯先后发生了资产阶级革命。在如何应付革命危机的问题上，英国反对干涉，盟国内部的裂痕扩大了。但在俄国的支持下，奥地利于 1821 年派兵镇压了意大利革命，法国也于 1823 年悍然入侵西班牙。正当神圣同盟四处伸手的时候，它内部也发生了严重的危机。1825 年 12 月，俄国一部分具有自由主义思想的年轻军官发动了“十二月党人起义”，被沙皇残酷镇压下去。1830 年 7

月，法国发生了“七月革命”，推翻了复辟的波旁王朝，建立了以金融资产阶级为主导的“七月王朝”，这样神圣同盟就被打开了一个大缺口。1830 年 8 月，比利时经过起义后宣布脱离尼德兰王朝而独立，进一步撕大了缺口。1830 年 11 月波兰发动了大规模的起义，反对俄国的殖民统治，但被镇压下去了。

此起彼伏的民主运动和民族独立运动撼动了神圣同盟的大厦，使其自顾不暇，最终陷于瘫痪的境地。以已经腐朽的封建旧秩序对抗正在成长的资本主义，这样的结果是必然的。当 19 世纪 40 年代欧洲革命遍地开花的时候，神圣同盟实际上已经不复存在了。

33. “美洲是美洲人的美洲”

——《门罗宣言》

1492 年 10 月 12 日，哥伦布率领的探险船队“发现”了美洲大陆。历史学家大书特书，殖民主义者津津乐道。然而这一天也是美洲大陆人民在殖民枷锁下挣扎求生的苦难生活的开始。300 年后，处于葡萄牙和西班牙殖民统治之下的拉丁美洲的革命像火山一样爆发。把维护君主政体、镇压革命奉为圭臬的神圣同盟坐不住了，俄、普、奥等国家叫嚣着要干涉拉丁美洲的独立革命。拉美上空的空气顿时紧张起来。如何对待神圣同盟干涉拉美独立革命及处理与欧洲列强的外交关系，这是摆在美国政府面前的一个大难题。

1823 年 12 月 2 日，门罗总统在致国会的咨文中，阐明了美国的对外政策，被称之为“门罗宣言”或“门罗主义”。在咨文中，门

詹姆斯·门罗(James Monroe)

罗首先宣布今后欧洲任何列强均不得把美洲大陆获得独立自由的国家当做将来殖民的对象,接着他又提出反对欧洲列强把他们的政治制度扩展到西半球。门罗还强调了美欧两洲互不干涉原则。美国不干涉欧洲列强现有的殖民地和保护国,欧洲列强也不得压迫或控制那些已经宣布独立并被美国承认的美洲国家,否则只能被认为是对合众国不友好的表现。

宣言发表以后,引起各种反响。英国外交大臣坎宁表示决不屈从于美国总统的宣言。神圣同盟诸国对《门罗宣言》持否定态度,认为它是一篇"无理宣言"。拉丁美洲新独立国家最初对《门罗宣言》的反应是好的,认为对他们争取独立解放有利。

"门罗宣言"是在神圣同盟武装干涉拉丁美洲,英、美两国在拉丁美洲展开激烈斗争和俄、美在美洲发生尖锐冲突的错综复杂的国际形势下产生的。门罗主义在当时对防止神圣同盟干涉拉丁美洲独立运动,抵制英、法、俄对美洲的侵略起了积极作用。但是,从具体上讲,神圣同盟干涉美洲只是个传闻,并没有现实性。美国之所以强调欧洲列强对美洲的干涉,无非是在保持美洲国家免受欧洲列强干涉的借口下,将所有其他美洲国家与欧洲国家的相互关系置于自己的控制之下。因此,"门罗主义"

坎宁

实际上反映了美国与欧洲列强争夺对整个西半球控制权的斗争，有着明显的扩张和侵略性质。

“门罗主义”反对欧洲君主制度向美洲扩张既不是它的主要内容，也不是真心要实践的行动口号。事实上，当时的美洲不仅存在英帝国控制的加拿大、巴西帝国和墨西哥的军事独裁，而且，美国南方也存在着野蛮残暴的奴隶制。既然如此，“门罗主义”的保护民主制度就是无稽之谈，它之所以如此提出问题，只不过想以美国的“民主”做旗帜，掩盖“美洲是美国人的美洲”的贪婪野心，排斥欧洲列强的势力，达到独霸美洲的目的。

34. 门户洞开

——日本被迫“开国”

19 世纪中期，正是印度、菲律宾、中国等一些亚洲国家在“欧风美雨”的吹打之下奋力挣扎、苦苦求生的时候，日本自然也没有找到安全的避风港湾。

当中国的明朝和清朝实行闭关锁国政策的时候，日本也在推行同样的对外政策：中央政府监督欧洲人在日本的贸易活动；欧洲人同南部敌视中央政权的封建主（史书中称之为大名）之间的关系被削弱；西方的传教活动被取消。甚至任何提到有关欧洲人与基督字样的中国书籍、抄本都被禁止引入。在这套对外政策中最著名的法令叫“驱逐令”，它规定：不论何种情况，炮击一切靠近日本港口的船只，打死一切企图登陆的外国人。这种作茧自缚的政策导致了日本经济和文化上的落后，最终使日本陷入西方殖民主义的深渊。

1840 年爆发了中英第一次鸦片战争，结果清朝战败，被迫割地赔款，失去了昔日亚洲大国的雄风。这一结果震惊了日本幕府。1842 年 7 月，幕府颁布了新法令，允许为驶入日本港口的外国船只补充煤、水和粮食，然后要求它们离开，如果它们不走再行炮击。口气比以前较为缓和。不过，统治阶级中的大多数仍然坚持闭关锁国政策，主张“开国”和吸收西方文化者寥寥无几。

从 19 世纪 20 年代起，美国商人和船只便开始在太平洋北部水域从事捕鲸，规模越来越大，到 40 年代时，已有 700 艘捕鲸船。

当时航海条件困难，许多捕鲸船被太平洋的风浪击毁，漂落到日本海岸。美国希望在日本开发捕鲸业的据点。汽船出现后，美国的希望更为迫切。1846 年，美国东印度舰队司令率舰到日本，谋求建立美国在太平洋捕鲸的补给基地未果。1848 年，加利福尼亚发现金矿，西部开发日益加速，控制太平洋北岸、强迫日本开国已刻不容缓。

1852 年，美国政府任命海军准将柏利为东印度舰队司令和遣日大使。1853 年，柏利率领一支由 4 艘军舰组成的舰队强行驶进东京湾的浦贺港，以武力相威胁，要求幕府接受美国总统致天皇的国书，缔结日美通商条约。这时已陷入全面危机的幕府，自知无力抵抗外来的侵略，被迫接受了美国的要求。1854 年 3 月 31 日，日美在神奈川签订了《日美亲善条约》，又称《神奈川条约》。条约规定：日本开放下田、函馆，允许停泊美国船只；给予美国最惠国待遇；准许美国在下田派驻领事。《神奈川条约》是西方殖民主义者奴役日本的第一个条约。通过条约，美国初步达到了迫使日本开国的目的，下田、函馆两个港口成了美国横越太平洋的中继站和在亚洲扩大侵略的基地。在 1854—1856 年，英、俄、荷等国也援例与幕府签

柏利

订了类似的条约。

开国之举对日本经济影响极大。物价上涨,市场混乱,人民负担加重。武士和农民对幕府和外国人的反抗最为强烈。日本国内酝酿着一场大的变革。

35. 列强在黑海地区的冲突

——克里米亚战争

19 世纪 30 年代以后,俄国与英、法、奥等国在奥斯曼土耳其(以下简称土耳其)的争夺加剧。到 50 年代,围绕“圣地”耶路撒冷的管理问题,俄、法矛盾公开化。俄国试图以圣地问题为借口,使土耳其沦为它的保护国,从而获得垂涎已久的黑海海峡。刚上台的法国总统路易·波拿巴也希望通过外交上的成功巩固自己的地位,同时阻止俄国向地中海扩张。为了与法国对抗,俄国多次以共同瓜分土耳其为诱饵拉拢英国,但没有成功。英国担心俄国一旦得逞将会破坏欧洲大陆的均势。但俄国自恃强大,认为法国在 1848 年革命中遭到削弱,无力阻止它的扩张;奥地利会因它曾帮助镇压国内叛乱,不会采取对俄国不利的政策;普鲁士的注意力在德意志,而不在巴尔干。因此,英国即使想干预,也是孤掌难鸣。

知识链接

在克里米亚战争中铁甲船和现代的爆炸性的炮弹第一次被使用。它也是历史上第一次壕沟战和静止战。电报首次在战争中被使用,火车首次被用来运送补给和增援。

1853 年 6 月,俄军占领了土耳其多瑙河两公国。4 个月后,土耳其在英、法的支持下对俄国宣战,克里米亚战争爆发。战争在多瑙河沿岸、黑海沿岸和高加索同时进行。11 月,土耳其舰队在黑海南岸锡诺普港的海战中全军覆没,英、法为之震惊。1854 年 1 月,英、法舰队驶入黑海。两个月后,英、法对俄宣战,随即派军队在巴尔干登陆。奥地利本来就反对俄国向巴尔干扩张。英、法参战后,奥地利立场也趋于强硬。8 月,在奥地利、普鲁士的威胁下,俄军被迫撤离多瑙河两公国,奥地利的军队随后进驻该地区。

9 月,英法联军在俄国的克里米亚登陆,开始了对俄军黑海要塞塞瓦斯托波尔长达一年的围攻,此后战事主要集中在克里米亚半岛。不久,意大利撒丁王国也加入到英法一边作战。1855 年 11 月,塞瓦斯托波尔陷落后,俄国败局已定,被迫同意和谈。由于在继续作战的问题上产生了严重的分歧,于是英法也同意举行和谈。1856 年 3 月,英、法、土、奥、撒丁王国、俄、普鲁士 7 国在法国召开的善后会议上签署了《巴黎和约》,条约规定:保证奥斯曼土耳其的领土完整;俄国交出位于多瑙河的南比萨拉比亚;黑海中立化;多瑙河向各国船只开放。

1853 年,沙俄帝国与英法联军爆发克里米亚战争,双方共死伤约 50 万名士兵。

克里米亚战争对欧洲局势产生了很大的影响。俄国战败,加之国内农奴制危机的深化,实力大大削弱;法国再次跃升为欧洲大陆的头号强国。克里米亚战争也是俄奥关系的分水岭,此后,冲突成为俄奥关系的主流。俄国实力的削弱和俄奥关系的恶化也为德意志和意大利的统一提供了千载难逢的机遇。

36. 反对外来干涉的斗争

——美国内战时期的外交

1861 年 4 月，美国内战爆发。美国有 11 个州先后宣布脱离联邦，组成了南部同盟。南部同盟积极推行“棉花外交”，以争取英、法等国的支持。当时英、法对美国南方生产的棉花依赖性很大。南部棉花种植园是英、法等国棉纺织业原料的重要来源，英国工业用棉的 85% 来自美国，法国也主要从美国进口棉花。另外，南部又是英国工业品的销售市场。同时，美国的分裂也有利于英、法等国在美洲的扩张，因此，英、法有干涉美国内战之意。

1861 年 3 月，南方就已派人去欧洲游说，争取英、法的承认。5 月，英国针对美国内战发布了中立公告，这实际上承认南方为交战国，是对南部同盟外交承认的前奏。美国对英国政府的这一立场表示强烈抗议。

6 个月之后，美国军舰在公海拦截了英国邮船“特伦特号”，并强行登船带走了南方派往欧洲的两名特使詹姆斯·梅森和约翰·斯莱德尔，从而引发了英、美之间一次严重的外交危机，史称“特伦特号事件”。事发之后，英伦三岛为之震惊。英国要求美国道歉，并立即释放梅森和斯莱德尔。与此同时，英国增派了 8 000 名士兵前往美洲，以加强加拿大的防务，英国的军火出口也暂时中止。英美战争一触即发。在这种情况下，美国政府坚持“一次一场战争”

的原则，很快便表示美舰的行为系私自行事，未经政府授权，同意释放南部特使，以避免与英国发生冲突。1862 年元旦，美国释放了梅森和斯莱德尔后，由“特伦特号事件”引发的英美外交风波方告结束。

一波刚平，一波又起。到 1862 年夏季，英国已为南方建造战舰 290 艘，北方因此而损失的船只总吨位超过了 10 万，直接经济损失达 2 500 万美元，这使得北方的商船队大大削弱。美国多次表示抗议，均被英国婉言拒绝。7 月，当英国一家公司开始为南方建造另外两艘威力无比的战舰时，美国警告说，如果英国继续为南方建造军舰，就等于对美国宣战。英国由于担心跟美国发生战争，所以才停止了给南方制造战舰。这样，持续数月的英美造舰危机才以英国的妥协而告终。

内战期间，美国能取得反对外来干涉斗争的胜利，也应归功于南方“棉花外交”的失败。战争开始的时候，英、法等国都有充足的棉花储备，另外，埃及、印度等地的棉花供应也减少了英、法对美国棉花进口的依赖。相反，此时英国恰逢谷物歉收，需要从美国北方产粮区进口大量的粮食，这也在一定程度上缓和了英、美之间的矛盾。法国虽然也有干涉美国内战的企图，但没有海上强国英国的支持，法国也不敢轻举妄动。美国成功挫败外来干涉的斗争，有力地保证了联邦政府取得战争的最后胜利。

沙皇俄国原也同情南部，但它没有与英、法一起干涉美国内战。主要原因是俄国在克里米亚战争中刚刚被英、法打败，受《巴黎和约》之辱；1863 年，在俄国镇压波兰起义时，英、法和奥地利向俄国政府发出抗议，企图干涉波兰事务。为与英、法抗衡，俄国于 9 月派了两支舰队驶往美国东西两海岸的纽约和旧金山，虽然双方没有发生争端，但俄国的上述立场，对英、法武装干涉美国内战的企图起了威慑作用。

37. 分裂离析局面的结束

——意大利的统一

意大利长期以来一直处于分裂状态。1815 年维也纳会议后，意大利被人为地分成 8 个邦国和地区。其中北部、中部各邦都成为奥地利的领地，南部建立的两西西里王国（一称那不勒斯王国），由西班牙波旁家族统治。除了中部的罗马教皇国外，只有意大利西北部的撒丁王国仍保持着独立地位。

传奇英雄加里波第

19 世纪 20 年代以后，政治上的分裂局面已成为阻碍意大利经济发展的主要障碍。改革和统一成为意大利人共同的心声。欧洲 1848 年革命后，这种势头更是无法阻挡。在 1850 年以前，革命派组织的暴力活动构成了意大利统一运动的主流，极大地促成了意大利人民族意识的觉醒。进入 50 年代之后，撒丁王国审时度势，开始推行通过王朝战争实现意大利统一的计划。1854 年，为了在对付奥地利和西班牙的过程中赢得英、法等国的支持，撒丁王国站在英、法一边直接派兵参加了克里米亚战争，从而为它在战后召开的巴黎和会上获得了一席之地,为意大利统一创造了有利的国际环境。1859 年 4 月,撒丁王国首相加富尔与法国皇帝拿破仑三世在法国的普隆比埃达成协议:法国出兵帮助撒丁王国统一意大利,作为补偿,撒丁王国将其西部的尼斯和萨伏依两地割让给法国。不久,撒丁王国对奥地利宣战。在法国的支持下,撒丁军队很快就将奥地利逐出了北部的伦巴底地区。与此同时,意大利中部各邦也纷纷发动起义,摆脱了奥地利的统治。但这时,法国突然背弃承诺,撒丁王国企图借助法国之力统一意大利的设想破灭。但在加富尔的鼓动下,独立的中部各邦于 1859 年秋天宣布加入撒丁王国,从而使意大利北部和中部基本实现了统一。

知识链接

起初,意大利军团表现欠佳,蒙得维地亚当局不得不请加里波第出山来指挥这支军队。加里波第走马上任后对军团进行了彻底改组,重新设计了黑色军旗,上绣正在喷发的维苏威火山图案,以激发战士们为自由而战的决心。军团没有统一制服,不得不从一家肉类加工厂搞来屠夫工作服充数,加里波第最初很讨厌这种红制服,但很快就喜欢上了它,“绯红色的上衣,配上一条色彩鲜艳的小领巾,显得十分潇洒”。当地居民亲切地称呼意大利军团为“红衫军”。

次年,西西里岛爆发了反对波旁王朝统治的农民起义,但遭到了西班牙当局的残酷镇压。为了支援西西里人民的反抗,著名的革命领袖加里波第率领由北部志愿者组成的“千人红衫军”远涉重洋,从热那亚奔赴西西里岛。红衫军在西西里登陆后,在当地人民的支持下连战连胜,队伍也迅速壮大到了 2 万多人。9 月,红衫军攻占了西西里首府巴勒莫,然后渡海进入意大利南部,迅速攻破了两西西里王国的首都那不勒斯,并占领了教皇领地的一部分。1861 年,撒丁王国从加里波第手中接管了那不勒斯王国的全部领土,在都灵宣布正式建立意大利王国。至此,除威尼斯和意大利中部一些地方外，意大利已基本实现了统一。

1866 年，普奥战争爆发，意大利与普鲁士结盟。尽管意大利在跟奥地利军队的交锋中败下了阵，但由于奥地利最终战败，意大利收回了被奥地利占据的威尼斯。5 年之后，普法战争爆发，意大利再次渔翁得利。由于法军撤走，意大利顺利地接管了原先为法军占领的部分土地。12 月，意大利军队开进罗马，并宣布建都罗马。教皇被迫避居梵蒂冈。意大利王国最终实现了统一。

意大利的统一为经济的发展创造了条件。1880 年后，意大利便开始从一个任人宰割的穷国摇身一变成为欧洲强国之一。

38. 欧洲均势的崩溃

——德国在中欧的崛起

长期以来，地处中欧的德意志一直处于封建小邦割据状态。1815 年维也纳会议后建立的"德意志邦联"也只不过是一群各自为政的小邦国或自由市组成的松散的联盟。19 世纪上半叶，德意志的工业获得迅速发展，仅 50 年代，工业总产量就增加了 4 倍以上。政治上的分裂越来越成为经济发展的主要障碍。另外，德意志上层人士也都渴望建立一个强大的民族国家，以摆脱长期以来任人宰割的被动局面。

普鲁士和奥地利是德意志两个最大的邦国。其中，普鲁士经过 19 世纪前期的经济发展和政治改革后，已成为经济最发达、实力最强大的邦国。相反，处于专制统治下的奥地利则政治上危机四伏，经济上与其他邦国隔离，军事上也不能与普鲁士相匹敌。普、奥两国为了以各自为中心统一德意志而展开了激烈的斗争。

德国铁血宰相俾斯麦

1862 年 9 月，俾斯麦出任普鲁士首相。他主张以“铁”和“血”，即暴力手段统一德意志。他一上台便大力扩军备战推行军事改革。到了 60 年代中期，国际形势发生了有利于普鲁士的变化。由于奥地利在克里米亚战争中站在英、法一边，俄奥关系恶化；1863 年波兰起义也牵制了俄国的力量；再者，当时俄国外交的首要目标是谋求修改 1856 年的《巴黎和约》。因此俄国无意介入普、奥之间的冲突。英国则希望普鲁士的崛起能平衡法国在欧洲大陆的影响。另外，英国女王的丈夫也是德意志亲普鲁士的科堡亲王，所以，英国对普鲁士采取了容忍的态度。俾斯麦又通过支持法国兼并比利时和在莱茵河左岸的土地，赢得了法国在即将爆发的普奥战争中保持中立的承诺。普鲁士还与意大利结成了秘密的反奥同盟。

1866 年 6 月，普奥战争爆发。德意志其他各邦国也分别站在了普、奥两边。由于意大利同时从南部发起进攻，奥地利被迫南北两线作战。7 月，普奥在德意志境内的萨兰瓦村决战，奥地利战败，被迫同意解散过去一直由它控制的德意志邦联。不久，以普鲁士为核心的北德意志联盟建立。

由于法国阻挠德意志的完全统一，1870 年 7 月，普法战争爆发。普军势如破竹，在法国境内的色当战役中重创法军，俘获了法国皇帝拿破仑三世，兵临巴黎城下。1871 年 1 月，德意志帝国在巴黎凡尔赛宫宣告成立。5 月，德法签订了《法兰克福条约》，条约规定：法国将阿尔萨斯、洛林等地割让给德国；法国赔款 50 亿法郎，三年付清，在赔款付清后，德军撤出法国。

德国的统一，彻底打破了欧洲的均势，加之德法矛盾的空前激化，一个列强结盟争霸的时代呼之欲出。

39. “征服或死亡”

——巴拉圭战争始末

边界问题一直是拉美革命后困扰各国的一个重要的历史遗留问题。1856 年，巴西与巴拉圭就六年内解决巴拉圭河和巴拉那河的自由航行以及两国的边界问题达成协议。但巴拉圭始终拒绝履行协议，巴西对此强烈不满。1862 年 9 月，巴拉圭总统弗朗西斯·索拉诺·洛佩斯上台后大举扩军备战。巴拉圭军事实力的显著增强和快速发展的国内经济，引起了周边国家的高度警惕。

1864 年 8 月，巴西入侵乌拉圭，乌拉圭向巴拉圭紧急求援。洛佩斯认为巴西的行为对巴拉圭构成了严重威胁，于是在 11 月扣留了途经巴拉圭赴任的一名巴西的州长，随后对巴西宣战。12 月，巴拉圭希望假道阿根廷东北部的科连特斯省，对正在进攻乌拉圭的巴西军队发起出其不意的打击，但遭到阿根廷的严词拒绝。恼羞成怒的洛佩斯率军强行占领了科连特斯省。阿根廷随即对巴拉圭

开赴战场的巴拉圭军人，上方就是巴拉圭总统

宣战。1865年5月1日，在英国的支持下，巴西与乌拉圭实现和解，然后两国与阿根廷结盟，以便对付共同的威胁——巴拉圭。尽管如此，巴拉圭在战争之初仍然具有明显的优势。首先，从盟国没有通往巴拉圭的公路，这就阻碍了盟国军队的大规模集结。其次，由于积怨极深，巴西和阿根廷很难在战争中保持协调。另外，巴拉圭的军队善于防御，而且还有本土作战的优势。但是洛佩斯的轻率和刚愎自用，最终无法挽回地葬送了巴拉圭的前程。

战争一开始，洛佩斯自恃巴拉圭军队实力雄厚，声称要么“征服”，要么“死亡”，除此之外，巴拉圭别无选择。于是，巴拉圭军队自动放弃了有利的防御工事，主动出击，企图御敌于国门之外。结果，轻举妄动的巴拉圭军队遭到了盟军优势兵力的迎头痛击。11月，盟军攻克科连特斯省。1866年4月，盟军开始对巴拉圭本土发起了猛烈的攻势。24日，美洲历史上的“凡尔登战役”即著名的图尤帝战役（也称贝利亚河淤地战役）打响了。双方均付出了沉重的代价，而巴拉圭受到的创伤最重，共有5 000名巴拉圭士兵捐躯疆场。此后，巴拉圭军队在总统的蹩脚指挥下，连连失利。1869年，盟军最终攻破了巴拉圭的首都亚松森。不久，流落在亚松森附近森林中打游击的洛佩斯在盟军的一次突袭中丧命，持续六年之久的巴拉圭战争最终宣告结束。

巴拉圭战争是一个愚蠢的总统给国家带来灭顶之灾的典型事例。一半领土的沦丧，巨额的战争赔款，土地荒芜，瘟疫盛行，许多市镇都在战火中化为乌有。从此,巴拉圭由拉美地区一个比较发达的国家一下子变成了一个经济贫穷落后的国家。

40. 西沃德“冰箱”

——美国购买阿拉斯加

每一位杰出人物在他的一生中都有其最值得骄傲的一刻。对于威廉·西沃德来说,这无疑是他购买阿拉斯加之时。

知识链接

西沃德(1801–1872),是美国内战时期(1861–1865)的美国国务卿。1860年他是共和党的全国领导人,但是亚伯拉罕·林肯在该党总统候选人提名时击败了他。西沃德为林肯竞选总统效力,并任林肯内阁的国务卿。由于出色的外交事务的管理能力,欧洲国家没有援助邦联政府。在林肯遇刺当晚他被约翰·威尔克斯·布思的同谋所刺伤。他逐渐恢复健康并在安德鲁·杰克逊总统手下继续任国务卿。

西沃德在美国历史上以反对奴隶制、拥护联邦和极力主张海外扩张而著称。早在19世纪50年代,西沃德就提出了建立太平洋帝国的构想。他强调说商业是美利坚民族“最伟大的事业之一”,是“发展文明和扩张帝国的主要力量”。他认为,当今世界重大的商业争夺战“不在美国的大湖区,不在大西洋海岸,不在加勒比海,不在地中海,不在波罗的海,也不在大西洋,而是在太平洋及其岛屿和大陆”。美国人的“使命”是统治亚洲市场,这样美国才能成为最伟大的国家。在西沃德太平洋帝国的具体构想中,阿拉斯加就是重要的一环。1860年西沃德出任美国国务卿,从而为他“大展宏图”创造了条件。

阿拉斯加地处北美大陆的西北角,东靠加拿大,西隔白令海峡与亚欧大陆相望,1741 年被俄国探险队“首次”发现,1799 年俄国人在此建立了俄美公司以管理俄属北美。19 世纪中叶,英俄两国矛盾尖锐,俄国担心万一双方开战,将很难保证阿拉斯加不落入英国人之手。再者,俄美公司经营不善,财政拮据,也无力对阿拉斯加进行有效的管理。当时美国内战刚刚结束,英美关系紧张,西沃德对阿拉斯加的兴趣也很浓,如果被美国买去,在战略上无疑对俄国有利。因此,俄国打算将阿拉斯加卖给美国。

威廉·亨利·西沃德

1867 年 3 月,经过几周的谈判,西沃德与俄国驻美公使爱德华·斯托克尔草签了购买条约。同年 10 月,阿拉斯加以 720 万美元的价格正式移交美国,平均每英亩不到 2 美分。美国参议院外交委员会主席查尔斯·萨姆纳在一次支持购买阿拉斯加的演说中,将这块美国新近获得的领土——俄属北美——正式命名为“阿拉斯加”(阿留申语,意为“伟大的土地”)。

阿拉斯加的购买当时在美国国内受到不少人的非议。许多人认为西沃德此举荒唐透顶,甚至把阿拉斯加讥讽为“西沃德冰箱”,这是因为当时人们对阿拉斯加的了解很少而产生了误解。阿拉斯加的购买是美国历史上继1803年路易斯安那购买、1848年获取德克萨斯之后的第三次大规模的领土扩张。阿拉斯加丰富的自然资源,尤其是石油和金的储量可观,给美国带来了巨大的经济利益。现在阿拉斯加是美国最主要的产油州。另外,阿拉斯加在美国全球军事战略中也具有不可替代的地位。

41. 微妙的均衡

——俾斯麦"大陆政策"的推行

1871年,俾斯麦出任德意志帝国首相,开始推行一种追求和平的外交政策,即"大陆政策",以巩固新生的德意志帝国。根据该政策,俾斯麦将德国的活动范围限定在欧洲大陆,其重点则是削弱和孤立法国。

俾斯麦的"大陆政策"从一开始便指向两个地区:一是巴尔干,在这里,土耳其帝国的崩溃将使俄国和奥匈帝国的直接冲突不可避免,届时德国将面临两难选择:要么支持奥匈帝国,从而使自己卷入战争;要么坐待奥匈战败,俄国势力进入中南欧,对德国形成东、南夹击之势。二是法国,被强烈的复仇情绪和强大的军事力量武装起来的法国,更让德国不敢小觑。

为了彻底孤立法国,化解俄奥之间在巴尔干地区的战争危机,1873年,在俾斯麦的斡旋下,德、俄、奥三国签订了《三皇同盟条约》。但俄奥在巴尔干问题上存在的分歧并未解决。1878年"东方危机"之后,俄德关系恶化,三皇同盟宣告解体。为了组建新的反法阵线,1879年,德国与奥匈帝国缔结了秘密的军事同盟。两年后，俾斯麦又利用俄国的困境，通过谈判使三皇同盟重获生机。1882年，意大利与法国争夺摩洛哥失败，也转而加入了德奥同盟，从而形成了所谓的三国同盟。

俾斯麦

然而在俾斯麦错综复杂的同盟体系中，除了德奥同盟和三国同盟外，别的同盟关系往往只是昙花一现。1887年，随着巴尔干危机的再起，三皇同盟寿终正寝，此后再也没有恢复过。同年与俄国达成的《再保险条约》，也只勉强维持了三年，便随着俾斯麦的下台而宣告结束。

俾斯麦在与俄、奥、意等结盟的同时，并没有忘记谋求和英国的合作，而且英国始终是俾斯麦结盟的首选对象。只是由于英国对欧洲大陆坚持奉行不结盟的均势政策，德国才被迫转向别国。另外，俾斯麦还经常通过支持欧洲其他强国向海外扩张，并在其中进行挑拨离间，以转移各国对欧洲事务的关注。譬如，俾斯麦亲自建议法国占领突尼斯，但又表示支持意大利对突尼斯的要求。法意交恶，德国则坐收渔翁之利。

俾斯麦“大陆政策”的推行，使德国在欧洲扮演了一个安分守己的强国角色，同时他又通过高超的外交手腕，建立了以德奥同盟、三国同盟为核心的同盟体系，在一定程度上维持了由于德国的崛起而面临崩溃的欧洲均势，从而为世界的和平和德意志帝国的巩固作出了杰出的贡献。

42. 新"神圣同盟"

——三皇同盟

德意志帝国成立以后，德法之间始终处于"武装和平"状态，俾斯麦鉴于德法矛盾不可调和，以及欧洲其他大国在德国强大的军国主义机器面前的忌恨、猜疑情绪，感到它们有可能在共同的威胁面前联合起来对付德国，如果在此种情况下发生德法战争，德国将处于两线作战的境地。为了解决这一难题，俾斯麦展开了外交攻势，彻底孤立法国，防止法国同其他国家结盟，把可能与法国结盟的国家拉到德国一方，建立以德国为首的联盟体系，通过联盟体系操纵欧洲政治。为此，德国积极拉拢奥匈、俄等国。

三皇同盟

1872 年 9 月在俾斯麦的安排下，奥匈帝国皇帝弗朗茨·约瑟夫、俄皇亚历山大二世与德皇威廉一世在柏林会晤，但这次会晤未订立任何协定。1873 年 5 月初，德皇访问彼得堡，两国缔结了军事条约，规定缔约国之一被欧洲其他强国攻打时，另一国应提供 20 万人的军事援助。同年 6 月，俄皇访问维也纳，并同奥匈皇帝于6月6日签订了《申布隆协定》，相互规定：在遇有第三国的侵略而损害欧洲和平的危险时，两国应立即进行商谈，以议订应采取的共同行动方针，如需要采取军事行动，则应缔结特殊协定予以规定。10月23日，德皇访问维也纳，并在这一协定上签了字，三皇同盟由此形成。三皇同盟实际上是三国间的一个协商性组织，各参加国之间并未相互承担同盟义务，只是在遇有问题或发生利害冲突时共同协商对策。三皇同盟内部并没有消除矛盾和猜疑，所以这一同盟十分脆弱。1875年，在德法战争危机中，俄国反对德国进攻法国，三皇同盟出现第一道裂痕。1878年6月在为解决东方问题召开的柏林会议上，俾斯麦偏袒奥匈和英国，使俄国丧失了在1877—1878年俄土战争中取得的大部分成果，招致俄国产生怨恨，三皇同盟出现了第二道裂痕。不久，三皇同盟瓦解。

亚历山大二世

俄德关系恶化后，俾斯麦虽然在1879年10月7日签订了针对俄国的德奥同盟，但是为防止俄法接近，他并不想真正与俄为敌。就俄国而言，柏林会议后，它同英国以及奥匈的矛盾异常尖锐，也急需改善同德国的关系，以摆脱孤立的处境。两国遂再次举行会谈。后在俾斯麦的坚持下,俄国同德国及奥匈帝国在1887年6月16日再次签订了《三皇同盟条约》。条约共七条,主要内容是:缔约国中之一国与第四国交战,另外两缔约国应对它保持善意中立。这一规定同样适用于三国中之一国与土耳其之间的战争,但仅以三国宫廷对于战争结局事先签订协议的情况为限。在三国中之一国从它的两个盟国中的任何一国获得更为主要的支持的情况下,上述规定对第三盟国仍具有完全的拘束效力;俄国尊重由于《柏林条约》给予奥匈的新地位而产生的利益;三国宫廷承认封闭博斯普鲁斯海峡和达达尼尔海峡的原则,并相互承担义务。条约有效期为3年。同盟条约于1884年续订了一次,1887年未再续订。

虽然《三皇同盟条约》没有直接涉及俄国传统上谋取利益的重要地区,但三皇同盟的恢复是德国外交的胜利。正如俾斯麦所夸耀的那样,恢复起来的三皇同盟有利于维护欧洲的君主制度,《三皇同盟条约》巩固了以后比邻两国间的和平,也完全消除了法俄联盟的威胁。

43. 东方问题的再现

——1875—1878 年的“东方危机”

从 19 世纪开始,奥斯曼土耳其帝国的衰落引发了一系列的国际争端,这些争端在欧洲被统称为“东方问题”(因为土耳其位于欧洲的东方)。克里米亚战争后,为了缓解日益加剧的国内政治危机,俄国加紧了在土耳其所属的巴尔干的扩张。俄国的行动引起了英国和奥匈帝国的强烈不满,奥匈始终反对俄国在巴尔干的扩张。英国对这一问题的关注更是今非昔比。苏伊士运河通航后,经由地中海穿越苏伊士运河抵达印度洋的航线,成为连接英国与其东方殖民地最便捷的交通线,土耳其正处于这一航道的咽喉地带,如果俄国控制了土耳其就会威胁英国在东地中海和整个东方的殖民利益,所以英国坚决反对俄国控制土耳其。由于法国新败,德国在巴尔干尚没有实际利益,因此,俄、英、奥成为在东方问题上较量的三个主要列强。

克里米亚战争后,土耳其债台高筑,1875 年时,外债已高达 2 亿英镑,仅每年需要支付的利息就有 1 200 万英镑,再加之官员贪污受贿成风,人民生活苦不堪言,被迫揭竿而起。起义首先在波斯尼亚和黑塞哥维那爆发。持续三年的“东方危机”拉开了帷幕。

斯拉夫人起义发生后,俄、奥、英等国纷纷进行干预。1876 年,土耳其在英国的支持下对起义进行血腥镇压,结果导致反抗力量迅速席卷整个巴尔干。一向以斯拉夫人的“保护者”自居的俄国站在了起义者斯拉夫兄弟一边,伺机向巴尔干地区扩张。1877 年 4

月，在德国的怂恿和支持下，俄国对土耳其宣战。不久，罗马尼亚也加入到俄国一边作战。同年 12 月，俄、罗联军攻占土耳其要塞普列文，俘虏土耳其军队 4 万多人。此后，俄军迅速向前推进，直到距土耳其首府君士坦丁堡很近的圣斯特法诺，才因英奥的坚决反对而停止前进。随后，俄土签订了《圣斯特法诺条约》。

《圣斯特法诺条约》遭到英奥等国的强烈反对，也引起巴尔干地区人民的极度不满，德国也不愿看到俄国过于强大。1878 年夏季，在德国的斡旋下，由英、法、奥、俄、意、德、土 7 国参加的柏林会议在德国召开，这是 19 世纪仅次于维也纳会议的又一次大型的国际盛会。由于德国支持英奥，俄国被迫放弃了在《圣斯特法诺条约》中取得的许多特权。会议最后签署的《柏林条约》承认了塞尔维亚、门的内哥罗、罗马尼亚的独立和英国占领塞浦路斯以及奥匈吞并波斯尼亚和黑塞哥维那。对黑海海峡和多瑙河的处理维持了 1856 年《巴黎和约》的规定。

柏林会议（1884—1885 年）

《柏林条约》的签订虽然标志着 1875—1878 年“东方危机”的结束，但它并未真正解决东方问题。随着时间的推移，巴尔干局势变得更为扑朔迷离。

44.“最后的晚餐”

——列强对非洲的瓜分

19世纪70年代,成功地穿越了非洲大陆的美国《纽约先驱报》记者斯坦利对非洲刚果河流域的报道,在西方引起了很大的震动。此前,西方在非洲的殖民地只占整个大陆总面积的10.8%,主要集中在沿海地区,对大陆内部的了解甚少。1876年,英、法、德、意、比、俄、奥等国在比利时首都布鲁塞尔召开的一次国际地理学会议上,决定加快对非洲的“开发”,并成立了“考察与开发中非国际协会”。这标志着西方在非洲的侵略和扩张进入了一个新阶段。

布鲁塞尔会议之后,比利时和法国的探险家和殖民者先后进入刚果河流域,并通过欺诈和胁迫的手段,从土著部落那里获得了大片的土地。不久,比、法、葡、英等国在该地区的矛盾上升。由于德国支持法国和比利时一方,英国被迫同意将刚果河问题交由国际仲裁。1884年,由英、法、德、比、葡、意等14国参加的处理刚果河流域问题的国际会议在柏林召开。除了解决这一问题之外,大会还确立了列强在非洲进行殖民扩张的“有效占领”原则,即任何一个强国在有效占领某一土地并及时通知其他列强之后,才能得到这块土地。此后,西方在非洲的扩张进入了一个飞速发展的阶段。

柏林会议之后,各国为了占取更多的土地,纷纷制定了雄心勃勃的非洲帝国计划。英国试图把开普和埃及连成一片,形成一个纵贯非洲大陆的帝国；法国梦想建立一个东起塞内加尔，西至法属索马里的统一的法属非洲；德国希望把自己在西南非洲、喀麦隆和东非的殖民地连成一体；意大利企图占领埃塞俄比亚和索马里海岸；葡萄牙也想打通从莫桑比克到安哥拉的交通。这样，列强在非洲的冲突就不可避免。1890 年之后，英、德在南部非洲一度达到剑拔弩张的地步。1898 年，英、法在苏丹也发生了直接的军事对峙。当地土著居民反对外来侵略的斗争也时有发生。1894 年，埃塞俄比亚打败意大利侵略者的斗争便是一个典型的事例。

到 1900 年，除利比里亚、埃塞俄比亚、摩洛哥三国外，非洲大陆已被列强瓜分完毕。利比里亚由于是美国移民建立的国家而幸免于难，埃塞俄比亚则用武力捍卫了自己的独立，摩洛哥得以苟延残喘应归功于列强之间的钩心斗角。在逐鹿非洲的过程中，英国收益最大，占领的土地最多，而且多为战略要地，然后依次是法、德、意、葡、比、西等国。欧洲列强对非洲的瓜分是其攫取海外殖民地、对外侵略扩张活动的一部分，它们在非洲极其自私自利和野蛮残酷的殖民统治，是造成现在非洲国家贫穷落后的一个主要原因。

45. 列强结盟称霸时代的开始

——三国同盟的建立

1870 年以后，德国的崛起打破了欧洲大陆的均势格局。普法战争以及战后的割地赔款，严重伤害了法国的民族感情。经过战后三年的休整，法国开始恢复元气，伺机对德复仇以雪前耻，并重建法国在欧洲大陆的强国地位。与此同时，德国为了巩固来之不易的统一和在中欧初步确立的优势地位，防止法国复仇，开始在欧洲大陆组建针对法国的同盟体系。

由于在 19 世纪 70 年代后期的“东方危机”中，德国没有支持俄国，以及俄德在贸易和关税上的摩擦，俄德关系恶化，1878 年到期的德、俄、奥“三皇同盟条约”因而没有续订。为了组建新的反法同盟体系，德国再次谋求与奥匈帝国的合作。奥匈帝国虽与德国是宿敌，但与俄国在巴尔干地区的冲突才是奥匈的心腹大患。在德国支持奥匈巴尔干地区政策的情况下，1879 年 10 月，德奥缔结了主要针对法国的秘密军事同盟条约，约定双方应联合对付法国或法、俄两国的联合行动。

知识链接

三国同盟是1882年德国、奥匈帝国、意大利在维也纳结成的秘密同盟。三国同盟的矛头本是指向俄国和法国，随着德国不断扩张以及英、德矛盾日趋尖锐，意大利感到担心，从1896年起便采取措施，改善了它同法国的关系。第一次世界大战爆发后，1915年5月意大利参加协约国，三国同盟瓦解。

突尼斯位于地中海中部最狭窄的地区，具有重要的战略地位，而且自然资源丰富,从 19 世纪 60 年代起就成为列强,尤其是法国和意大利争夺的重点。1881 年,法国利用阿尔及利亚和突尼斯边界牧民的冲突,趁机将突尼斯变为自己的保护国。意大利本身力量有限,转而寻求德国的支持。次年 5 月,德、意、奥三国在维也纳签订了秘密的《三国同盟条约》,条约规定:如果意大利受到法国攻击,德奥两国将支持意大利;一旦俄奥发生战争,意大利将保持中立;如缔约国受到其他两个大国的攻击,则所有的缔约国应共同作战。条约的有效期为五年。条约签订后又经过五次续订,直到第一次世界大战的爆发。这一条约的签署标志着三国同盟的最终建立。

三国同盟建立标志着欧洲两大对立军事集团的一方已经形成,这一同盟与同时存在的德奥同盟都是俾斯麦孤立法国的同盟体系的重要组成部分。三国同盟的建立也标志着列强结盟称霸时代的开始。

1890 年后,随着英德矛盾的日益加深,意大利开始担心德国可能无法履行三国同盟中与意大利有关的某些义务,同时三国同盟的建立并未克服意大利与奥匈帝国在巴尔干地区存在的分歧,于是,意大利开始与法国改善关系。1902 年,意法两国达成谅解,规定:如果一方受到攻击时,另一方应保持中立。这一协议使意大利对三国同盟其他两国的保证全部取消,致使三国同盟内部出现了严重的裂痕。1915 年,意大利参加协约国一方作战,标志着三国同盟的最终瓦解。

46. 争夺“阳光下的地盘”

——德国从中欧走向世界

19 世纪末，列强掀起了一股瓜分世界的狂潮。后起的德国由于经济发展迅速，国内市场狭小和资源短缺的问题日益突出，国内民众对专制统治的不满情绪也在不断上升，“大陆政策”已不能满足德国经济进一步发展的需要。1896 年后，德国经济在经历了一个长期的萧条之后开始恢复。为了避免经济萧条的再度发生，转移民众对国内事务的注意，德国政府开始推行海外殖民扩张的政策，即所谓的“世界政策”。

早在 19 世纪 80 年代，俾斯麦就已突破“大陆政策”的樊笼，开始在海外谋求殖民地。1884 年德国在非洲的西南部建立了第一块海外殖民地。不久，德国在非洲殖民地面积已达到本土面积的 5 倍。90 年代以后，世界上尚未瓜分完毕的主要有东亚的中国、广袤的非洲大陆和已经衰落的土耳其帝国。于是，德国便将海外殖民掠夺的目标首先指向了这些地区。

在中国，德国在汉口和天津攫取了两块租界地后，又强租胶州湾，并将整个山东划为自己的势力范围。1900 年，德国还参加了八国联军的侵华行动。为了将在非洲的属地联为一体，德国利用英布矛盾向非洲南部大举渗透。1899 年，在英国做出让步的情况下，为了避免与英国的直接冲突，德国才退出了在该地区的争夺。

德国在中东和巴尔干地区的渗透于俾斯麦在任后期已经开始。1888 年，德国修通了从维也纳到君士坦丁堡（今土耳其伊斯坦布尔）

的铁路。三年后,德国又获得了将铁路修到安卡拉的协议。1908 年土耳其革命后,德国拟议从汉堡到巴格达的铁路修筑计划才被迫搁浅。

1895 年后,德国海外扩张势头更是咄咄逼人,目标也不再限于尚未被别的列强所占领的地区。因此,德国与其他列强在海外的冲突也越来越激烈。德国不仅在非洲南部、中国台湾地区、土耳其、摩洛哥等地与英、法、俄发生了激烈的对抗,还在菲律宾与同样后起的美国发生了军事对峙。德国在大刀阔斧地进行海外殖民扩张的同时,也加紧了扩军备战的步伐,从而引发了世纪之交一场空前的军备竞赛。德国皇帝和高官的公开演讲也越来越富有挑衅性。1897 年,德国外交大臣皮洛夫公开宣称,德国把陆地让给一个邻国,把海洋让给另一个邻国的时代已经成为过去,“我们也要为自己争夺在阳光下的地盘”。

知识链接

极力鼓吹对外扩张的德国外交大臣伯恩哈特·冯·皮洛夫在1897年12月的一次演说中声称:“德国过去曾有那样的时期,把土地让给一个邻国,把海上让给另一个邻国,而自己只剩下纯粹在理论上主宰着天空,可是这种时期已经一去不复返了。……我们也要为自己争夺在日光下的地盘”。

德国“世界政策”的推行,使列强尤其是欧洲列强之间的军备竞赛一浪高过一浪,德国与英、法、俄、美等列强之间的矛盾空前激化,从而直接导致了三国协约的形成和第一次世界大战的爆发。

47. 英国对欧洲大陆的反应

——“光荣孤立”

19 世纪后期，随着普法战争的结束和德国的统一，欧洲大陆的均势被彻底打破，德法、德俄、英俄矛盾空前激烈。为了防止法国东山再起，巩固自己刚刚在欧洲大陆获得的优势，1873 年，德国与俄国、奥匈帝国结成了军事上互为攻守的三皇同盟。六年后，三皇同盟瓦解，德奥又签订了“秘密协定”。1882 年，意大利也加入德奥的协定，形成三国同盟。欧洲列强进入了结盟争霸的时代。

“光辉孤立”(splendid isolation)，旧译“光荣孤立”

面对新的欧洲政治格局，1880 年，英国首相格拉斯顿认为，英国对欧洲大陆政策的核心应是：①通过斡旋建立一个协调的欧洲；②避免与欧洲其他国家结盟，以保证自己的行动自由。由于欧洲列强各自的利益和错综复杂的矛盾，许多时候根本无法调和，因此英国的协调政策很快便宣告破产，并遗人以笑柄。1885 年之后，英国逐渐放弃了协调政策，在与欧洲其他国家打交道的时候，只就具体的问题与某一个或几个国家合作，而坚持不与任何国家结盟，即奉行所谓的“光荣孤立”政策。1896年1月,英国加拿大自治领财政大臣福斯特在一次演说中首次使用“光荣孤立”一词形容这一时期英国的外交政策,这一说法后来被英国政府所沿用。在这一方针的指导下,在90年代中期以前,英国一直与三国同盟集团保持密切关系,以对抗法、俄等国。其实,“光荣孤立”作为一项均势外交政策,从19世纪中叶开始就已为历届英国政府所奉行。

1890年之后,德国大举扩充军备,引起英国的不安,英德关系开始疏远。此后,游离于三国同盟和法俄军事同盟两大军事集团之外的英国,在外交上越来越陷于孤立的境地。德国的迅速崛起也使得英国的实力相对下降。为了摆脱这种被动的局面,英国开始谋求与新兴的世界大国美国和军事强国日本的合作。英国不但在美西战争中支持美国,而且鼓动并支持由美国提出的在华“门户开放”的倡议。为了削弱俄国在亚洲东北部的影响,英国支持日本对俄开战,并与日本结成了针对俄国的英日同盟。1902年英日同盟的形成,标志英国长期以来一直奉行的“光荣孤立”政策的基本结束。

知识链接

索氏认为,如果英国冒险切断与欧洲事务的联系,将会十分危险,故此孤立绝对不光荣。

“光荣孤立”是均势外交的一个变体,英国希望通过维持欧洲大陆的均势以保持自己在全球的利益。但随着英国实力的相对下降,以及列强之间矛盾的日益尖锐,英国越来越无法达到自己的目的,于是,英国不得不放弃“光荣孤立”的梦想,也加入到列强结盟的行列中去。

48.“一场小而辉煌的战争”

——美国海外扩张的初始

19 世纪后期随着垄断资本的迅速发展,美国经济对海外市场的依赖越来越强。世纪之交,美国石油生产的 50%、钢铁的 15%、铜的 50%、农具的 10%、棉花收成的 50% 以及小麦的 1/3 等都依靠出口;1893 年爆发的经济危机,使产品过剩的形势更加严峻。面对日益恶化的国内形势,美国政界和企业界一致认为,扩大出口才是恢复国内繁荣稳定的惟一出路。

然而,世界已被瓜分完毕。列强在其势力范围内纷纷排斥美国产品。美国若要开辟自己的海外市场,只有通过战争去夺取。于是,美国的矛头直指早已日暮途穷的老牌殖民帝国西班牙。

古巴是西班牙的殖民地,地处加勒比海,距离美国本土不到 150 千米,美国对其觊觎已久。1894 年,美国对进口蔗糖征收高额关税,导致以生产蔗糖为生的古巴陷入了严重的经济困境,加之西班牙的残暴统治,次年年初,古巴再次爆发了反对西班牙统治者的起义。当时,美国在经济上已控制了古巴。1898 年,美国人在古巴的投资已达 5000 万美元。西班牙对起义采取的残酷镇压政策严重地损害了美国在古巴的利益。美国报纸乘机推波助澜,大造反对西班牙的舆论。

1898 年 2 月,西班牙驻美大使迪皮伊·德洛梅的私人信件被《纽约杂志》披露,德洛梅在信中称美国总统麦金莱是一个“自命不凡的政客”,并透露西班牙决心在古巴顽抗下去。美国舆论为之

酝酿已久的美西战争终于爆发了

哗然。与此同时,此前以"保护侨民"为名擅自驶入古巴领海的美国战列舰"缅因号"于 2 月 15 日在古巴首府哈瓦那港内爆炸沉没,舰上 266 名官兵丧生。美国断言系触雷所致。西班牙被迫几乎接受了美国提出的全部条件。但是,美国政府的战争决心已定。4 月,美国向西班牙宣战。

战争爆发后,美军迅速在菲律宾和古巴歼灭了西班牙舰队,占领了古巴和菲律宾本土以及西班牙属地波多黎各,并乘机吞并了夏威夷群岛。到 8 月中旬,整个战斗结束,历时不到 4 个月。12 月,在法国的调停下美国和西班牙签署了《巴黎条约》,条约规定,西班牙放弃对古巴的主权,西班牙撤出后,古巴由美国占领;西班牙将菲律宾、波多黎各、关岛让给美国,美国付给西班牙 2000 万美元作为补偿。

美西战争是美西两个殖民者重分殖民地的帝国主义战争,也是列强重分世界的初期的帝国主义战争。列宁把它说成"是盛食之前激起食欲的'小吃'",也就是说,它为更大规模地重分世界的帝国主义战争作了准备。美国通过战争将势力扩展到了亚洲,为它在中国的"门户开放"政策的出台创造了条件;战后西班牙元气大伤,从此退出了争夺世界殖民地的历史舞台。

49. 美国对中国的反应

——“门户开放”

美国长期以来一直没有明确的对华政策，只是跟随其他列强参与侵略中国的行动，以达到“分取杯羹”的目的。中日甲午战争之后，列强掀起了瓜分中国的狂潮。德、俄、英、法、日等纷纷在华强租租借地和划定“势力范围”。世纪之交，美国经济对海外市场的依赖越来越强，中国广阔无垠的市场潜力使美国人馋涎欲滴。1893年的经济萧条更加速了美国寻找海外市场的步伐。但是，当时美国的军事力量依然十分有限，而且美军也正忙于镇压菲律宾的起义。当美西战争结束后，美国把目光转向亚太地区时，腐朽的清王朝已被列强瓜分殆尽。但是，中国的巨大市场使美国人又不愿轻易放弃。正在这种心有余而力不足的时候，列强在中国的激烈争夺——尤其是英俄、日俄的争夺——为美国从中渔利提供了绝好的契机。

知识链接

1899年，美国政府先后向英、俄等六国政府提出在中国实行所谓“门户开放”、贸易机会均等的照会。

门户开放：

美国在承认列强在华“势力范围”和已经获得的特权前提下，要求“利益均沾”。

“门户开放”政策的主要内容有：

对任何条约、口岸或任何既得利益不加干涉。

各国货物一律按中国政府现行税率征收关税。

各国在各自的“势力范围”内，对他国船只、货物运费等不得征收高于本国的费用。

1898年3、4月，英国两度提议与美国一起在列强中倡导在华贸易机会均等。第二年初，俄国也表示希望与美国合作以保护中国的"独立"。在得到在华拥有最大利益，同时也存在最大矛盾的英、俄两国的支持后，1899年8月，美国国务卿约翰·海指示其远东政策顾问柔克义起草一份关于在中国保持"门户开放"的照会。同年9月和11月，约翰·海在对柔克义的草案稍作修改后，通过美国驻外大使分别向英、德、俄、法及日、意等六国提出了内容一致的照会，即"第一次门户开放"照会。在照会中美国要求列强互相承认各自在华的势力范围和既得利益，承认他国可以在本国势力范围内享有同等的关税特权和通商、航运等利益。照会强调，美国政府不承认"任何国家在中国任何部分有排他性的权利"，"切望美国公民的利益不因任何强国在其所控制的在华势力范围内之排他性待遇而受损害，并希望为世界保留一个公开市场"。

第一次门户开放照会在列强中引起了不同的反响。除俄国婉言拒绝和意大利完全接受之外，英、法、德、日分别表示有条件地接受。所以，第一个门户开放照会基本上得到了列强的认可。

1900年7月，八国联军进犯北京之前，为了防止其他列强趁机破坏"门户开放"的原则，美国又发出了第二个门户开放照会。此次照会除强调前次照会的基本原则外，还补充了两点：①保持中国的"领土和行政完整"。②要求中国遵守各种不平等条约的规定。

"门户开放"政策是美国提出的第一个明确的对华政策，它是中国清政府无力自保、美国海外扩张以及东西方列强在华利益激烈冲突的产物。"门户开放"政策打着"机会均等"、"通商自由"以及"尊重中国领土主权"等招牌，实际上是确认了各帝国主义国家在华的"势力范围"，并要求各列强把各自的"势力范围"向美国开放，搞所谓的"利益均沾"。同时，美国对拉丁美洲及亚洲的菲律宾则实行排斥欧洲各国的关闭政策。可见,“门户开放”政策具有扩张性和实用主义的特点,是美国整个外交政策的重要组成部分。但它在一定程度上也有利于保持中国的领土和主权完整。1941 年底太平洋战争爆发,美国推行了近半个世纪的对华“门户开放”政策也随之寿终正寝。

50. 新老殖民者在非洲南部的争夺

——英布战争

英布战争中的布尔人战士

早在 1652 年,荷兰人就在非洲南部的开普建立了殖民地,布尔人就是这些荷属殖民地的早期移民(主要是荷兰人)的后裔。1806 年英国征服开普之后,英国人开始进入非洲南部。由于对英国统治的不满,布尔人在 1836—1840 年之间向北迁徙,先后建立了德兰士瓦共和国和奥伦治自治邦。

1867 年在奥伦治河沿岸发现了钻石,英国冒险者随后涌入该地,建立了金伯利城。不久该城并入开普,引起了当地布尔人的强烈不满。1879 年土著的班图人被击溃后,英国和布尔人之间的冲突迅速升级。1880 年英布之间爆发了第一次公开的冲突,英军战败。英国困于国内事务,无暇顾及。第二年英国与德兰士瓦达成了一项协议,规定:德兰士瓦内政完全独立,但承认英国的宗主权,外交由英国控制。但 3 年后,双方发生分歧:布尔人认为根据一项新的协定,德兰士瓦已完全独立;英国则坚持其仍对德兰士瓦享有宗主权。另外,条约禁止布尔人向林波波河以北发展,也引起了布尔人的极度不满。

1886 年德兰士瓦发现了丰富的金矿,英国人随即大量涌入;英国资本也乘机进入,并控制了当地的金矿生产,引起了布尔人的强烈不满。英国还沿布尔人西侧向北大举扩张。到 1897 年,布尔人除东面跟葡萄牙属地莫桑比克接壤之外,已被英国人从三面包围。

随着英布矛盾的不断加深,德国向布尔人提供大量的武器,在德兰士瓦的影响大大加强。德兰士瓦和奥伦治储量丰富的金矿,英国在非洲南部无限的扩张欲望,以及德国的介入,加速了英布战争的到来。1897 年,德兰士瓦和奥伦治结成了军事同盟。同时,英国争取到了德、法、葡等国在即将到来的英布冲突中保持中立的允诺。1899 年 10 月,布尔人先发制人,英布战争爆发。

英布战争,又称南非战争、布尔战争。起初布尔人连连告捷,但英国调集了大批军队后,便迅速展开反攻,占领了布尔人的主要城镇。1900 年后针对布尔人的游击战,英国人采取了残酷的镇压措施:捣毁布尔人的村庄,将农民赶入集中营,致使惨死者达 2 万人以上。1902 年 5 月,战争最后结束,双方签订了《比勒陀利亚条约》,规定:德兰士瓦和奥伦治并入英国殖民地,英国同意让它们尽快实现自治;荷兰语为当地英语之外的第二官方语言;英国赔偿布尔人损失 300 万英镑等等。

英布战争是一场典型的以多胜少的战争。英国投入兵力近50万,军费开支达2.2亿英镑,而布尔人军队不到9万人。英布战争在英国国内引起了巨大的反响,战争也为英属南非联邦的建立扫清了道路。

51.两个岛国的结合

——英日同盟

中日甲午战争之后,俄国在东北亚的扩张势头咄咄逼人,日俄矛盾日趋尖锐。与此同时,俄国独霸中国的图谋也引起了英国的严重不安。1898年,英俄两国在中国渤海口形成严重对峙的局面。不久,俄国借八国联军侵华之机又一举占领了中国东北全境,拒不撤走,致使日俄冲突更是一触即发。英国也急于遏制俄国在中国的进一步扩张。

签订英日同盟的林董

但是,日、英两国在阻止俄国继续南下方面都感到力不从心。日本由于针对俄国的十年扩军计划尚未完成,军事实力有限,而且担心一旦日俄交战,俄国的盟友法国会支持俄国。而英国当时正陷于英布战争的泥淖之中,无法向东北亚地区调集大批军队。英国在欧洲寻找德国支持的努力也宣告失败。

其实早在1898年,在中国华北与俄国对抗的时候,英国就已经开始谋求同东亚新兴的军事强国日本的合作。英日的接近曾一度使俄国的嚣张气焰有所收敛。但两年后,俄国抓住八国联军侵华之机,再度加快了独霸中国和朝鲜的扩张步伐。1901年,日本内阁更迭,倾向于与俄国协商的伊藤博文下台,而极力主张扩军备战的前任陆军部长桂太郎走马上任,日本对俄国的态度更为强硬。同时,英俄谈判也无果而终。于是英、日接近的步伐大大加快。1902年1月,经过两个多月的谈判之后,英国外交大臣兰斯多恩与日本驻英公使林董最终签署了《英日同盟条约》。

伊藤博文

《英日同盟条约》共有6条,有效期为5年,其主要内容包括:英日双方互相承认在中国和朝鲜的利益,如果这些利益遭到侵犯,双方有权进行干预;条约一方与他国交战时,另一方应严守中立,当对方得到其他国家支持时,另一方应援助盟国作战。另外,双方还在条约的秘密条款中约定:两国海军应配合行动,以便在东亚海域保持优势。此后,双方又举行了一系列军事会议,以便使条约中规定的原则得到落实。

《英日同盟条约》签订之后,经过1905年和1911年两次续订后,在1921年12月为英、美、法、日四国在华盛顿会议上签订的《四国条约》所取代。

建立在《英日同盟条约》基础之上的英日同盟是英国和日本为了维护各自在中国和朝鲜的利益、遏制俄国称雄东亚的野心而结成的军事同盟。它的建立促成了酝酿已久的日俄战争的爆发,"鼓舞"了日本在东亚的大举扩张和渗透,也标志着英国放弃了长期以来所奉行的"光荣孤立"政策,开始踏上了与其他列强结盟争霸的道路。

52. 走向战争之路

——愈演愈烈的军备竞赛

19世纪90年代,随着德国向海外的扩张和列强在东北亚地区冲突的加剧,一场激烈的军备竞赛在欧洲悄悄地拉开了帷幕。在这场难分难解的角逐中,英德海军竞赛最为激烈。

英国第一艘无畏号战列舰,之后成为各国仿效的对象

1898年和1900年,德国先后通过了两个扩建海军的法案,对英国的海上霸权提出了公开挑战,英德海军竞赛开始,并随着国际局势恶化不断升级。1905年时,英国有战列舰44艘,德国有16艘,

但为了确保海上霸权，英国还是决定制造吨位更大、火力更强的新型战斗舰“无畏号”。第二年，英国第一艘无畏舰下水。德国立即针锋相对，也决定建造自己的无畏舰。1907 年，英国又提出了双强标准，即英国军舰的吨位不能低于仅次于英国的另外两个海上强国的军舰吨位之和。为此，英国宣布，德国每建造一艘无畏舰，英国就将建造两艘。随着军备竞赛的不断升级，两国的军费开支也在大幅上升。从 1883 年到 1908 年，德国的海军军费增加了 9 倍多，英国也增加了将近 3 倍。到 1908 年，英德无畏舰之间的比例是4 ： 3，旧式的战斗舰之间的比例也从 1897 年的4 ： 1降到2 ： 1，英德海军之间的差距在不断缩小。

列强之间的陆军军备竞赛也毫不逊色，德、法、俄、奥等主要的欧洲陆军强国纷纷扩充了陆军的兵力。一战开始时，各国的陆军野战部队兵力已分别达到 230 万、180 万、340 万、140 万。英国也组建了一支 10 万人的远征军，准备赶赴欧洲大陆作战。除了增加陆军常备军人数外，各国还加紧了武器装备的更新。1895 年，德国陆军最先装备了先进的 75 毫米新式野炮，随后法军也配备了这种先进的武器。另外，意大利和日本也卷入了这场军备竞赛。各国的军备开支也随着军备竞赛的加剧不断攀升。譬如，1914 年，法国的军费开支已高达当年国家财政预算的 38%。

愈演愈烈的军备竞赛不但加速了国际形势的恶化，而且增加了各国纳税人的负担，因此引起了各国爱好和平人民的强烈不满。为了平息国内的不满情绪，推卸穷兵黩武的罪责，1898 年和 1907 年，包括德、英、法、俄、奥、意、日、美等主要强国在内的数十个国家在荷兰海牙先后召开了两次国际和平会议。但除了在一些枝节问题上达成协议外，在军备控制方面没有取得任何进展。英德两国之间的两次限制海军竞赛的谈判也都无果而终。

1890 到 1914 年主要发生在欧洲列强之间的这场军备竞赛，与 20 世纪初不断加剧的地区冲突、各强国日益僵硬的外交立场，以及欧洲两大对立的军事同盟的形成结合在一起，最终导致了第一次世界大战的爆发。

53. 美国对西半球的外交

——“大棒”与“金元”政策

西奥多·罗斯福是美国第二十六任总统，他崇尚强权政治，在职期间（1901 - 1909 年）全力推动美国向外扩张。罗斯福的外交以所谓的“大棒政策”著称，又称“西奥多·罗斯福主义”，即以武力做后盾的外交，用他自己的话说：“说话温和，但要带根大棒。”

威廉·霍华德·塔夫脱

罗斯福“大棒政策”的一个具体运用，便是从哥伦比亚共和国手里夺取巴拿马运河区。此前，美国曾数次同哥伦比亚就运河问题进行谈判，均告失败。1903 年初，美国采用威胁利诱等方式，迫使哥伦比亚驻美大使托马斯·埃兰与美国签订了一个巴拿马运河条约，但哥伦比亚政府拒绝批准。11 月,在美国的策划和支持下,巴拿马脱离哥伦比亚宣布独立。一个多小时后,美国便宣布予以承认。不久,双方签订了允许美国在巴拿马境内修建运河的条约。条约还规定:美国有权在运河区外进行武装干涉。这样,巴拿马实际上沦为美国的保护国。

“现政府的外交一直是以金元代替枪弹为其特征的”。这是接替西奥多·罗斯福担任美国总统的威廉·W·塔夫脱对自己在职四年期间外交政策的总结,史称“金元外交”。它旨在通过鼓励和支持银行家和商人扩大对海外,特别是对拉美和远东的投资和贸易,以实现美国的对外扩张。

塔夫脱的“金元外交”往往离不开“大棒政策”的策应,两者经常交替使用,互为补充。美国对尼加拉瓜的侵略就是“大棒”与“金元”双管齐下的一个典型。当时处于亲英的何塞·塞拉雅专制统治下的尼加拉瓜政府,排斥美国在尼加拉瓜的经济势力,引起美国的强烈不满。1909年,尼加拉瓜爆发反政府起义。美国趁机大力支持起义者,最终迫使塞拉雅辞职。接着,美国又迫使新上任的总统迪亚斯以尼加拉瓜关税收入做抵押接受美国的贷款,并允许美国在尼加拉瓜建立银行和铁路。以后美国又通过提供贷款在尼加拉瓜境内获得租借地以及修建运河的特权。这样,尼加拉瓜政府完全沦为美国的傀儡。“金元外交”在远东的使用主要是在中国,但由于列强在华已形成互相牵制的局面,故未能收到预期的效果。

> **知识链接**
>
> 金元外交实际上是一种资本渗透，通过对外投资来夺取更多的海外市场和殖民特权。

1901 年之后,美国通过挥舞“大棒”和使用“金元”,大大加强了对拉美各国在政治、经济和军事上的控制。到 1913 年,巴拿马、多米尼加、尼加拉瓜、古巴等中美洲、加勒比海国家已基本上沦为美国的保护国。美国的对外贸易和投资也取得长足的进展:分别从1909年的16亿和20亿美元上升到1913年的25亿美元。另外,美国在墨西哥和古巴的投资第一次超过了英国,中美洲的整个铁路系统也操纵在美国的手中。一直到1933年,美国在拉美的“金元”与“大棒”外交才为新的“睦邻政策”所取代。

54. 在别国领土上进行的争夺

——日俄战争

中日甲午战争之后,俄国联合德、法等国迫使日本退还辽东半岛,使日本蒙受奇耻大辱。此后,日俄在争夺朝鲜和中国东北上矛盾日趋尖锐。从1895年7月到1896年2月,朝鲜在发生了两次宫廷政变后建立了亲俄政权。1898年,俄国虽然承认日本在朝鲜有优越的经济地位,但在政治、军事方面仍坚持双方权益对等。

与此同时,俄国在中国东北的扩张也变本加厉。俄国根据《中俄密约》,修筑了横贯东北全境的中东铁路,还强租中国的旅顺和大连。1900年,俄国又借八国联军侵华之机占领了中国东北。后迫于列强的压力,俄国答应撤兵,但在1903年4月之后,俄国不但没有撤军,反而向东北增派部队。

俄国在朝鲜和中国东北的扩张完全打破了日本侵略中国的大陆扩张计划,也严重地损害了英美两国的在华利益。1902年1月,日英缔结了针对俄国的同盟条约,同时美国也表示支持日本对俄国作战。英美两国的支持，加强了日本发动战争的决心。

1903 年，日本针对俄国的十年扩军计划提前完成，军事实力大大增强。同年，日俄谈判破裂。日本国内的反俄呼声急剧高涨。

日俄战争中准备进攻旅顺的日军士兵

1904 年 2 月，日本不宣而战，日俄战争爆发。日本陆军兵分两路：南路从辽东半岛登陆，并迅速围困旅顺口。北路经朝鲜从东北南下。8 月，日本海军在黄海和威山两次海战中摧毁了俄国太平洋舰队。9 月初，北路日军取得辽阳大捷之后，乘势南下，与南路日军会攻旅顺。1905 年元旦，旅顺俄军在经过了八个月的抵抗后投降。同年 3 月，日俄双方在奉天（今沈阳）附近决战，日本再战告捷。两个月以后，日本海军又在对马海峡歼灭了从欧洲赶来增援的俄国波罗的海舰队，至此，俄军败局已定。

俄军战败，加之国内革命运动高涨，内外交困，无力再战；日本也已精疲力竭。1905 年 9 月，在美国总统西奥多・罗斯福的调停下，日俄双方签署了《朴次茅斯条约》，条约规定：俄国承认日本在朝鲜的优越地位；将旅顺、大连租借地和长春以南的中东铁路（即

“南满铁路”)及其附属煤矿转让给日本;割让库页岛北纬50度以南的地区给日本;允许日本渔民在俄国太平洋沿海捕鱼。

日俄战争

日俄战争是日俄两国为争夺朝鲜和中国东北所进行的一场非正义战争。战后日本跻身世界强国之列,更加滋长了称霸东亚的野心。俄国的战败加速了1905年革命的到来,也埋下了日俄长期交恶的隐患。日俄战争基本上在中国领土和领海上进行,给中国人民带来了深重的灾难。

55. 20世纪初法德在非洲的争夺

——摩洛哥危机

在19世纪末帝国主义瓜分非洲的狂潮中，摩洛哥由于英、法、西班牙等国的竞争而得以勉强维持“独立”的地位。1904年《英法协定》规定摩洛哥为法国的势力范围，1905年法国企图组建由法国军官组成的摩洛哥警察部队，并企图建立由法国财团控制的摩洛哥国家银行。德国为了拆散英法协约，决定借此机会挑起事端，德皇在丹吉尔的演说中公开对法国挑衅，欧洲国际关系遽然紧张。德国与英法开始为战争做准备，此即第一次摩洛哥危机。在危机中，英国坚定地支持法国与德国对峙，并开始加强与法国的军事合作，其目的是破坏德国在欧洲的霸权。

知识链接

摩洛哥危机是20世纪初期法、德两国为争夺摩洛哥所引起的战争危机。摩洛哥北临地中海，西接大西洋。它的重要港口丹吉尔扼大西洋进入地中海的门户直布罗陀海峡，具有重要战略地位，成为欧洲列强争夺的要地。进入20世纪以来，法国迅速向摩洛哥扩张势力，大肆进行经济渗透，控制摩洛哥财政，并同西班牙划分在摩洛哥的势力范围，与德国发生冲突，导致两次国际危机。

第一次摩洛哥危机为推行“大棒与金元”外交政策的美国提供了机会，美国在西半球推行“大棒”、“金元”外交政策的同时，“大棒的阴影也伸向了遥远的摩洛哥”。美国总统西奥多·罗斯福乘机出面调停，提议在西班牙的阿尔几西拉斯召开会议，解决摩洛哥问题。1906年，阿尔几西拉斯会议召开。在英国大西洋舰队和地中海舰队面前,德国最终妥协,于4月7日通过总决议书。决议书在表面上承认摩洛哥的独立和国家主权,但其实际权力为以法国为首的欧洲列强控制下的“国家银行”所掌握,法国还得到了控制其警察与海关的权力。在这次危机中,德国企图利用摩洛哥危机挑拨英法关系,但结果却巩固了英法协定,俾斯麦担心的“联合的梦魇”在摩洛哥危机中出现了。第一次摩洛哥危机拉开了欧洲列强在20世纪初争端的帷幕。

但是关于摩洛哥问题的争端并没有结束,阿尔几西拉斯会议后,法国势力不断向摩洛哥渗透,于1911年5月占领首都菲斯,摩洛哥实际上成为法国的殖民地。法国的行动引起了德国的震惊,德国迅速作出反应,派出“豹”号炮舰于1911年7月1日驶向摩洛哥西部濒临大西洋的港口阿加迪尔,“豹”的跳跃更是举世瞩目,引发了第二次摩洛哥危机。

欧洲列强在新形势下就摩洛哥问题重新展开了较量,此时英、法、德三国之间的关系十分微妙。英国担心法德妥协,危及英国利益,而法德两国也积极活动,秘密进行谈判,力图控制局势的发展。在这个过程中,德国向法国索要法国属地刚果,法国认为德国要价太高而迟疑未决。英国在危机中态度强硬,迫使法德两国不敢作出任何妥协的表示,法德之间可能存在的妥协演变为英德之间的直接对抗。最终德国迫于英国的压力而让步,法德达成协议,德国承认摩洛哥受法国保护,法国则给德国一部分法属刚果作为“补偿”。1912年摩洛哥正式沦为法国殖民地,失去独立地位。

56. 欧洲两大对立军事集团的最终形成

——三国协约的建立

三国同盟的建立促使法国加快了寻求结盟的步伐。1887 年，复仇主义者布朗热出任法国陆军部长，德法关系遽然紧张。俾斯麦企图先发制人，但遭到俄国的断然反对。与此同时，德国不但公开反对俄国准备对保加利亚进行的干预，还拒绝向俄国提供一笔急需的借款。这样俄德之间的同盟关系名存实亡。法国趁机向俄国靠拢。从 1888 年底起，输入俄国的法国资本达到 24 亿法郎，从而为法俄同盟的建立奠定了坚实的基础。

1890 年后德国放弃了长期以来一直奉行的联俄政策，转而向英国靠拢，从而最终促成了俄法同盟的建立。1894 年 1 月，《法俄同盟条约》签订，双方约定将互相协助以对付来自三国同盟的任何进攻。

知识链接

英国、法国、俄国为对抗三国同盟，通过1904—1907年签订一系列协议而结成的一个帝国主义集团。

1890 年后，德国加快了海军建设的步伐，积极推行海外扩张政策，从而对英国的海上霸权和海外的殖民地构成了严重的威胁，英德矛盾日趋尖锐，俄德矛盾也开始突现。同时，英国在东亚与俄国的冲突激化。英国试图与德国组建反俄同盟，借以缓和英德矛盾和对抗俄国在东北亚的大举南进，但被德国拒绝。英国只得求助于日本，英德之间的冲突似乎已不可调和。日俄战争加速了英法接近的步伐。为了避免卷入战争，英国希望俄国的盟友法国能在冲突中严守中立，另外，法英联手也能更有效地对付德国的潜在威胁。与此同时，由于俄国陷入了日俄战争的困境，法国也急于寻求新的盟友以确保对德国的优势。英法双方不谋而合。1904 年 4 月，《英法协定》签署，根据协定，英法互相承认彼此在埃及和摩洛哥的特殊利益，并在暹罗（今泰国）划分了各自的势力范围。

日俄战争后，为了防止日本过于强大，阻止其与德国形成对英国的东西夹击之势，英国开始改善与俄国的关系。同时，俄德关系的恶化也使得英俄的联合成为可能。法国也支持英俄接近，以便建立更为强大的反德联盟。1906 年，亲英的伊兹沃尔斯基出任俄国外交大臣，英俄接近的步伐大大加快。在法国的斡旋下，英国不但向俄国提供了大批贷款，还向日本施压，迫使日本放弃了一些无端的要求，从而维护了俄国在东北亚的既得利益。1907 年 8 月，《英俄协定》在圣彼得堡签署。根据条约，波斯（今伊朗）一分为三，北部归俄国，东南部归英国，中部为中立区，双方享有同等权利；维持阿富汗的现状；承认中国对西藏拥有宗主权。

这样建立在 1893 年《法俄同盟条约》、1904 年《英法协定》以及 1907 年《英俄协定》基础上的英、法、俄三国协议正式诞生，这标志着第一次世界大战前欧洲两大对立军事集团的最终形成。

57. 巴尔干的国际冲突

——两次巴尔干战争

巴尔干半岛是欧亚非交通要冲,是中东欧南下的走廊和黑海通向地中海的门户,近代以来一直是列强争夺的一大目标。进入帝国主义阶段后,这里又变成了各种国际矛盾的集合点。20 世纪初,随着帝国主义压迫的加深,巴尔干各民族争取民族解放、建立民族独立国家的斗争高涨起来。土耳其在意土战争中的失败,给巴尔干的民族解放斗争造成了有利的形势。1912 年 5 月,由塞尔维亚、保加利亚、希腊和门的内哥罗四国参加的巴尔干同盟形成。10 月 9 日,土耳其拒绝给予马其顿和色雷斯自治,门的内哥罗首先向土耳其宣战。17 ~ 18 日,塞尔维亚、保加利亚和希腊也先后向土耳其宣战,巴尔干同盟反对土耳其统治的战争正式开始了,这是历史上的第一次巴尔干战争。

以保加利亚军队为主力的同盟军在人数和装备上均占优势,土耳其军队节节败退。12 月 3 日,交战双方达成停火协议。由于土耳其政府拒绝同盟提出的议和条件,1913 年 2 月 3 日战火重起,土耳其再遭惨败,被迫重新开始和谈。在欧洲大国的斡旋下,5 月 30 日在伦敦签订和约。依约,土耳其丧失了除伊斯坦布尔和一小部分色雷斯以外的全部欧洲领地,宣告了土耳其在巴尔干 400 多年封建统治的结束,巴尔干地区各民族都获得了解放。

第一次巴尔干战争结束后,巴尔干的紧张局势并未得到缓和。

第二次巴尔干战争中的希腊军队

这次战争的结果有利于协约国集团，而不利于德奥集团。协约国所支持的塞尔维亚壮大了，对奥匈的侧翼构成了威胁，这迫使奥匈必须重视巴尔干战线，一旦爆发战争就必须从加里西亚的对俄前线分出兵力来对付塞尔维亚。土耳其政府已被亲德派所控制，德奥集团原本指望一旦发生对俄战争，土耳其能牵制俄国在高加索的力量，现在土耳其因战败而遭到削弱，它的这个作用就减小了。战争结束后，塞尔维亚希冀扩大它在马其顿的领地，希腊则垂涎南马其顿和西色雷斯，同盟各国矛盾尖锐。以保加利亚为一方，以希腊、塞尔维亚、罗马尼亚、门的内哥罗和土耳其为另一方的第二次巴尔干战争爆发了。结果，保加利亚战败投降，被迫签订和约，从而丧失了它在马其顿和色雷斯的大部分土地以及南多布罗加，并放弃了亚得里维亚。

第二次巴尔干战争与第一次巴尔干战争的性质迥然不同，前者是一场正义的民族解放战争，而后者是一场巴尔干各国在帝国主义怂恿下为争夺领土而进行的王朝战争，完全是一场非正义战争。

战后，受到严重削弱的保加利亚开始转向三国同盟。第二次巴尔干战争标志着巴尔干力量的重新部署。俄国保护下的统一的巴尔干同盟已经瓦解,现在出现了两个巴尔干集团:以塞尔维亚、希腊和罗马尼亚为一方的集团和以保加利亚、土耳其为另一方的集团。这两个集团的背后分别站着三国协约和三国同盟。三国协约中的俄国竭力调解保加利亚和塞尔维亚、罗马尼亚的关系,并力图恢复原来在它影响下的巴尔干同盟。三国同盟中的德国和奥匈继续分裂着巴尔干各国,竭力拉拢保加利亚和罗马尼亚,以便结成反对塞尔维亚的土、保、罗三国同盟。两大军事集团在巴尔干的矛盾和对立愈加明显,巴尔干成了名副其实的"火药桶",第一次世界大战一触即发。

58. 第一次世界大战的爆发

——"萨拉热窝事件"

1907 年 8 月,随着三国协约的缔结,互为攻守的欧洲两大对立的军事同盟集团最终形成。与此同时,列强之间剧烈的军备竞赛也在不断升级。从 1905 年起,两大军事集团争夺战略要地的斗争引发了一系列的局部战争,其中巴尔干半岛更是多事之地。

自 1908 年奥匈帝国吞并波斯尼亚和黑塞哥维那以后,在巴尔干地区就出现了许多旨在推翻奥匈帝国统治、实现民族自决的民族主义团体。其中最著名的是总部设在塞尔维亚首府贝尔格莱德的"黑手党",它在奥匈帝国境内的斯拉夫人中积极发展组织。在 1910—1913 年之间,他们多次暗杀奥匈帝国的政要和地方当局首脑。活跃在波斯尼亚的秘密组织"青年波斯尼亚"与"黑手党"联系密切。于是,奥匈帝国将塞尔维亚视为帝国境内斯拉夫民族主义运动的策源地,决定摧毁它。

萨拉热窝事件

1914 年初,奥匈帝国决定 6 月底在波斯尼亚举行为期三天的军事演习,以塞尔维亚为假想敌,并预定在 6 月 28 日塞尔维亚的“全国哀悼日”(塞尔维亚联军于 1389 年 6 月 28 日被奥斯曼土耳其军队击败,后塞尔维亚人被迫臣服于奥斯曼帝国),由帝国皇储弗朗西斯·斐迪南大公访问波斯尼亚首府萨拉热窝,公开向斯拉夫人挑衅。

4 月,奥匈帝国军事演习和斐迪南大公访问萨拉热窝的消息传出后,斯拉夫人群情激愤。“青年波斯尼亚”的成员加夫里洛·普林齐普决定刺杀斐迪南大公。5 月,以普林齐普为首的 7 人暗杀小组秘密潜入萨拉热窝,伺机行刺。6 月 28 日,斐迪南大公正式访问萨拉热窝。为了显示与当地居民的友好关系,他宣布这一天不许军队进城,只需少量警察维持治安即可。上午,大公夫妇在访问完萨拉热窝后的返回途中,遭到普林齐

知识链接

萨拉热窝事件的目的是为了挽救民族危机。但其行为属于恐怖主义行动,不是被压迫民族进行解放斗争的正确行为,其后果点燃了第一次世界大战,造成了人类社会的灾难。

普的枪击,大公夫妇双双饮弹身亡。这就是震惊世界的“萨拉热窝事件”。

事发之后,参与谋杀大公的7人先后被捕遇害。1920年,人们把普林齐普和他的两个同伴的骸骨迁到萨拉热窝公墓,并在他行刺的那个街角的大楼上树立了一块匾额,以表彰他的英雄业绩,上面写道:“在这个具有历史意义的地方,加夫里洛·普林齐普于1914年6月28日圣维图斯节开创了自由。”

事件发生后,奥匈帝国在与德国商量之后,认为彻底解决塞尔维亚问题的时机已经成熟。7月底,奥匈帝国向塞尔维亚宣战。在随后不到10天的时间里,除意大利之外,三国同盟和三国协约的各国相继卷入战火之中,第一次世界大战全面爆发。

59. 渔翁得利

——第一次世界大战中美国的“中立”与参战

1914年6月28日萨拉热窝事件后,国际局势异常紧张,大战一触即发。7月28日,奥匈帝国正式向塞尔维亚宣战,开始了军事行动。8月1日,德国向俄国宣战,3日,又向法国宣战。4日,英国向德国宣战。第一次世界大战在欧洲全面展开了。

大战开始时,美国采取了坐山观虎斗的政策,美国总统威尔逊于1914年8月4日发表了“中立”声明。美国之所以采取这样的立场,是要达到一箭双雕的目的。一方面,它在“中立”的掩护下,与交战双方进行贸易,牟取暴利,并乘机夺取它们在拉丁美洲和远东的市场。另一方面,坐山观虎斗,寻找时机,趁交战双方两败俱伤之机参加战争,轻而易举地实现自己的霸权野心。

在“中立”的幌子下,在战争开始后的两年半时间里,美国通过与交战各国进行军火交易和其他战争物资的交易,大发横财。1914年秋到1917年春,美国运往协约国的各类物资,价值近105亿美元。战前,美国是欧洲国家的债务国,欠欧洲各国的贷款近60亿美元之多,但战争开始后的几年间,美国不仅还清了全部外债,而且还借给协约国100多亿美元,纯利就获得109亿美元,美国从债务国逐渐变成了债权国。正如列宁所说:“美国的亿万富翁们……发财最多。他们把所有的国家,甚至最富有的国家,都变成了向其进贡的国家。他们掠夺了数千亿美元。”

到1917年,形势发生了许多变化,美国统治者决心抛弃“中立”的伪装,参加作战。第一,战争已接近尾声,交战双方都已精疲力竭,美国此时参战,既可以轻取胜利,又可增加战后分赃资本,并夺取世界霸权。第二,美国在战时实力大大增强,具有了参战的雄厚物质基础。两年多来,美国政府从战争需要出发,加速国民经济军事化,把许多工业部门转到战争轨道上去,大力扩充军事生产部门。同时,美国还积极扩充军备,增加陆军和海军,建造军舰和扩大舰队,建立咨询委员会,以开发国内一切经济资源。第三,战争后期,交战各国物资耗尽,财力枯竭,人民贫困,已无多大油水可捞。况且美国大量资本已输入交战各国,特别是协约国集团,如果他们战败,美国的债权利益就会受到难以估量的损失。而且,同盟国已展开了“和平攻势”,德、俄之间出现单独媾和的迹象,俄国又面临着“二月革命”。如果德俄媾和,俄国退出战争,同盟国就有可能击败协约国,这样,与协约国经济交往甚密的美国就会与失败者共命运,就会失去它投放在欧洲的巨额资本。

在这种形势下,美国政府撕下“中立”的外衣,决定参加到协约国集团作战。1917年4月6日,美国以德国实施无限制潜水艇战和“齐默尔曼密电”为借口对德宣战,12月7日又对奥匈宣战。美国的直接参战,从各个方面大大加强了协约国的力量,使力量的对比更加不利于德奥集团。在财政和军需供应上,美国停止了对同盟国的军火供应,大大加强了对协约国的援助;在军事上,美国派出了各种类型的舰艇前往大西洋和北海作战,派往欧洲的陆军部队达200万人;在政治上,美国以“和平主义”国家的面目参战,具有很大的欺骗性,许多中立国家和受它影响的国家也参加到协约国方面作战。这就改变了欧洲战场的格局,影响了战争的进程,促成了战争的早日结束。

60. 必要的妥协

——《布列斯特条约》的签订

1917年的俄国内外交困。经过3年多的世界大战,俄国经济正处于崩溃的边缘,人民饥寒交迫;十月革命胜利的消息传出后,前线的旧俄军队迅速瓦解,新生的苏维埃政权又尚未建立自己的军队。在这种情况下,当以德国为首的同盟国集团大兵压境的时候,苏俄决定立即退出世界大战,以巩固新生的政权。

11月8日,苏俄通过了和平法令,向一切交战国发出了进行停战谈判的倡议。由于协约国拒绝参加和谈,俄国只能单独与同盟国进行谈判。由于德奥也急于摆脱两线作战的困境,所以双方很快便实现了停火,并开始签订和约的谈判。苏俄一开始便建议在“不割地、不赔款”的基础上缔结和约,但遭到同盟国的婉言拒绝。1918年1月同盟国代表团团长德国外长屈尔曼提出以同盟国占领苏俄西部大片土地为和谈条件，在苏俄国内引起了激烈的争论。苏共党内以布哈林等为首的激进派主战，反对签订屈辱的和约。国家和党的领袖列宁则认为，尽管同盟国提出的谈判条件极为苛刻，但为形势所迫不得不暂时接受，以便赢得时间巩固新生的苏维埃政权。以俄方首席谈判代表托洛茨基为首的一派主张采用拖延战术，立即停战，但不签订和约。最后，各方同意采取拖延战术，以避免签署丧权辱国的不平等条约。但是，列宁又与托洛茨基私下商定，一旦同盟国发出最后通牒，就立即签订和约。

布哈林

2月初，同盟国宣称苏俄必须接受它们的条件，语气极为傲慢。托洛茨基随即声明，拒绝在和约上签字，但又宣布结束对同盟国的战争，复员军队。于是德国终止谈判，不久便向苏俄发动大举进攻，兵锋直抵苏俄首都圣彼得堡。在这万分紧急的关头，在列宁的强烈坚持下，苏俄最后同意签约。3月，苏俄与同盟国在德军东方战线司令部所在地白俄罗斯的布列斯特—里托夫斯克（今布列斯特）正式签署了停战协定。同年8月，双方又在柏林签订了三个附加条约。这就是《布列斯特—里托夫斯克条约》，简称《布列斯特条约》。条约规定，俄国把波兰、立陶宛、白俄罗斯和拉脱维亚的部分地区划归德国，红军撤离芬兰、乌克兰和爱沙尼亚；俄南部的巴

布列斯特—立托夫斯克和约

统、卡多斯和阿尔达甘地区割让给土耳其;俄国向同盟国赔款60亿卢布。

《布列斯特条约》的签署使苏俄在欧洲和高加索地区丧失了约259万平方千米的土地,蒙受了巨大的耻辱,但它使苏俄及时退出了第一次世界大战,从而为巩固政权、恢复和整顿经济赢得了宝贵时间,为以后平定国内叛乱和赢得粉碎外来干涉斗争的胜利奠定了基础。1918年11月11日,德国及其盟国宣布投降,一战结束,13日,全俄中央执行委员会宣布废除《布列斯特和约》。

61. 一场空前的人类浩劫

——第一次世界大战

第一次世界大战在欧洲大陆打响后,很快便蔓延到中东、东亚和非洲。参加协约国一方作战的主要列强先后有英、法、俄、美、日、意等,而同盟国只有德国和奥匈帝国。欧洲是主要战场,欧洲战场又有东线、西线、巴尔干等战场之分。开战后,德军绕过驻防法德边界的法军主力,假道比利时南下直扑巴黎。英法联军在巴黎以北进行的马恩河战役中成功地阻止了德军的前进,此后西线战场陷入僵局，德国精心策划的速战速决的战略破产。1916 年的凡尔登战役和索姆河战役以及 1918 年初德军的大规模反攻均未能打破这一僵局。

知识链接

第一次世界大战的战线主要分为东线（俄国对德奥作战），西线（英法比对德作战）和南线（又称巴尔干战线，塞尔维亚对奥匈帝国作战）。其中西线最惨烈，著名的战役有马恩河战役、凡尔登战役和索姆河战役。

在东线，1914 年，俄军攻入了德奥境内，但在年底受挫。第二年 5 月，德国大举反攻获胜，俄军损失惨重。此后，俄军又发动了几次反攻，也遭到失败。

与此同时，交战双方还进行了多次海战。英国企图依靠其强大的海军力量切断德国的海上供应线。作为报复，德国出动了大批的潜艇，对英伦三岛的海上补给线展开了猛烈的进攻。1916 年 5 月，英德两国海军主力在北海的尼德兰半岛附近交锋，即尼德兰海战，这是第一次世界大战期间规模最大的一次海战，双方胜负未分，但此后，德国海军主力再未抛头露面，潜艇成了德国海上作战的主要武器。1917 年，德国宣布实行无限制潜艇战。

1918 年初，俄国爆发了“十月革命”，之后宣布退出战争。德国趁机加强了在西线的攻势，但由于大量增援的美军到来，德军试图突破英法防线的希望落空。随后，同盟国形势迅速恶化，奥匈帝国因出师不利和俄国革命的影响，到 10 月事实上已经解体。协约国也于 10 月开始反攻，收复失地。德国士气低落，国内又发生了革命，被迫于 11 月宣布战败投降。第一次世界大战基本结束。

战争是残酷的，大战使世界各国，特别是欧洲国家遭受了前所未有的灾难。在长达 4 年零 3 个月的厮杀中，参战的国家有 30 个，人口约 15 亿，占当时世界人口总数的 67%，其中有 900 万人死于战场，2 000 多万人受伤，350 万人成为终身残废，饿死、病死的人大约有 1 000 万。战争造成的直接经济损失达 1 800 多亿美元,间接的经济损失约 1 500 多亿美元。大量的房屋、铁路、桥梁、工厂、农田遭到破坏。各国的商船损失共计 1 200 多万吨。纯粹从经济角度估计,欧洲的工业发展倒退了 8 年。

"一战"

在战争中,德意志帝国、奥匈帝国、俄罗斯帝国和奥斯曼帝国覆灭了,英国、法国、意大利等国受到严重的削弱。战争使得资本主义的固有矛盾更加激化,促进了人民的觉醒,无产阶级革命运动和民族解放运动空前高涨。在战火中,第一个无产阶级专政的社会主义国家诞生了。从此,历史进入现代史时期,国际关系史也随之进入了一个新的时期,即现代国际关系史时期。

62. 列强出兵西伯利亚

——苏俄反对外来干涉的斗争

俄国十月社会主义革命的胜利在西方列强中引起了恐慌。为了将新生的苏维埃政权扼杀在摇篮之中,《布列斯特条约》签订后不久,协约国集团便以防止德国入侵和保护侨民为名开始对俄国进行武装干涉。

1918 年 3 月,英军在俄国北方港口摩尔曼斯克登陆,拉开了西方列强武装干涉俄国的序幕。不久,英、美、日三国军队相继侵入海参崴,英军还侵入俄国北部的阿尔汉格尔斯克和南部的巴库。德军也根据《布列斯特条约》占领了俄国东部的乌克兰、白俄罗斯和波罗的海沿岸的广大地区。由于世界大战尚未结束,外国干涉军人数不多,力量也有限。但与此同时,在协约国的极力挑拨下,由近 5 万名在俄国的捷克俘虏组成的捷克兵团在经西伯利亚前往法国途中发动叛乱,随后俄国内各种反对苏维埃政权的势力纷纷抬头,煽动叛乱,苏俄政府领袖列宁在莫斯科的一次集会上也险遭暗杀。

面对不断恶化的国内外形势,苏俄政府宣布实行“红色恐怖”,严厉镇压一切反叛活动。同时,针对外国的经济封锁,苏俄政府采取了一系列战时非常措施,如加快企业国有化步伐,强制实行余粮供给制,普遍推行义务劳动制,以及限制一切商业行为等。在军事上,苏俄迅速组建了大批红军,并成立了以列宁为主席的工农国防委员会和以托洛茨基为首的军事委员会负责全国的军事行动。同年底,趁同盟国战败之际,俄国宣布废除屈辱的《布列斯特条约》,

并派红军收复了德军占领的大片领土。

德国投降之后,协约国趁机向苏俄增派了大量的干涉军。在俄国南部的外国军队曾一度达到30万人。由于发生了内讧,协约国被迫撤走了大批军队。此后,协约国基本放弃了在俄国直接进行武装干涉的计划,转而采取扶持俄境内各种反叛力量的方式进行间接干预。为此,协约国向盘踞在东北亚的谢苗诺夫、卡尔梅科夫雇佣军、北高加索地区邓尼金的白卫军、顿河流域克拉斯诺夫的哥萨克武装、乌拉尔山地区的高尔察克以及波罗的海沿岸的尤登尼奇军队提供大批的武器弹药,有的还派去了军事顾问或协同作战。

在以列宁为首的苏俄政府的坚强领导下,俄国各族人民经过三年多艰苦卓绝的奋斗,终于消灭了全国各地的反叛势力。到1922年底,日本干涉军被逐出海参崴,标志着俄国反对外来干涉的斗争取得彻底胜利。

列宁在总结苏维埃战胜外国武装干涉的经验时指出:称霸世界的帝国主义是"泥塑巨人"。从表面上看它们是庞大的,军事力量和物质力量比较强大,但它们的内部是软弱无力的,它们是腐朽的阶级。从发展来看,它们的强大是不会持久的。

苏俄赢得反干涉斗争的胜利,有力地巩固了新建立的苏维埃政权。同时,苏俄战胜外国武装干涉的经验具有巨大的国际意义,它鼓舞着被压迫的弱小民族和被压迫的人民起来反抗帝国主义大国的侵略和干涉,为争取民族独立、争取和平与社会主义而斗争,从而对20世纪的人类历史产生了深远的影响。

63. 反击苏维埃“和平法令”

——威尔逊的“十四点”

1917 年 11 月 7 日，俄国爆发了列宁领导的无产阶级社会主义革命，8 日晚，列宁在全俄工兵苏维埃第一次代表大会上作了关于和平问题的报告，他向全世界宣布了“不割地、不赔款”的和平纲领，废除秘密外交，废除临时政府所批准和缔结的全部密约，并把这些密约公之于世。根据“和平法令”，苏维埃政府向协约国使节提出立即停战并开始和平谈判的建议。不久，德国方面表示同意进行谈判。英美国家十分惶恐，为阻挠资本主义各国的革命运动和殖民地、半殖民地的民族解放运动，为消除苏维埃和平政策的影响，夺取和谈主动权，为在战后实现有利于美国的和平，1918 年 1 月 8 日，美国总统威尔逊在国会致辞中宣布了解决国际问题“公正和平纲领”的十四点原则。

知识链接

在威尔逊大学刚毕业时，他曾写道：“一个总统，只要他的能力允许，想在法律和道德方面成为多么伟大的一个人物，就可以成为那样的一个人物。”果然，当他自己登上总统职位时，他实践了自己年轻时的这个说法。在美国人心中，他是可以与林肯比肩的巨人。美国史学家认为：威尔逊是使美国取得重大进步的具有远见卓识的伟人。

“十四点”全文 800 字，主要内容有：第一，以公开的形式缔结公开的和平条约。第二，领海以外，无论平时或战时，必须保持公海航行的绝对自由。只有在执行国际条约时，才能以国际行动全部或部分封锁公海。第三，在一切赞成和平及参加维护和平的国家间尽可能地维护消除一切经济壁垒，建立平等的贸易条件。第四，各国军备必须裁减至符合维持国内安全的最低程度。第五，对于殖民地的全部要求，应作出自由的、坦率的和绝对公正的调整。第六，必须从俄国的全部领土上撤出外国军队，在解决有关俄国的一切问题时，世界各国应保证最良好的和最自由的合作，使俄国能得到一个无阻碍的和顺利的机会来独立决定它自己的政治发展和国家政策，保证俄国在能够自愿选择制度的条件下，建立自由的国家和社会，并使之受到欢迎，而且给予它所需要的和渴望的各种援助。第七，从比利时撤军，并恢复它应享有的与其他一切自由国家相同的主权，不得加以任何限制。第八，解放全部法国领土，归还被侵占部分。1871 年普鲁士对法国阿尔萨斯—洛林的侵犯曾扰乱世界和平近 50 年之久。现在为了使世界和平再次得到保证，必须予以纠正。第九，按照明确可识的民族界限，重新调整意大利边界。第十，给予奥匈帝国统治下的各民族发展自治的充分机会，使其在国际上的地位得到保障。第十一，必须从罗马尼亚、塞尔维亚、门的内哥罗撤退外国军队；归还被占领的领土；塞尔维亚应获得自由和安全的出海口；巴尔干各国间的关系应以历史上建立起来的政治归属和民族分界为准则，通过友好的协商予以确定；对于巴尔干各国的政治和经济独立与领土完整，亦应予以国际保证。第十二，对目前奥斯曼帝国的土耳其部分，必须保证它有稳固的主权；但是对现在受土

威尔逊

耳其统治的其他民族,则必须保证他们在生活上的真正安全和在自治基础上绝对不受干扰的发展机会,达达尼尔海峡必须在国际保证下作为对所有国家的船只和商业的自由通道,永远开放。第十三,成立一个独立的波兰国。它必须包括无可争议的是由波兰人所居住的领土及一个自由和安全的出海口,它的政治和经济独立以及领土完整必须由国际条约来保证。第十四,为了大小国家都能相互保证政治独立和领土完整,必须成立一个具有特定盟约的普遍性国际联盟。

对是否以"十四点"作为商讨停战方案的基础,列强之间发生了激烈冲突。英国、法国和意大利都不同意接受,经过激烈交锋,11 月 3 日,英国和法国极为勉强地接受了"十四点"原则,但对公海自由条款某种解释不能接受。美国动员国内各种宣传机器为之鼓吹,"十四点"风靡一时,威尔逊也身价百倍。但是,世界人民看透了"十四点"的本质,对它反应冷淡。苏维埃政府没有被威尔逊的花言巧语所欺骗,仍然按照自己的安排与德国进行和谈,并毅然签订了《布列斯特和约》。这样,威尔逊的"十四点"也就难以实施了。

64. 分赃者的聚会

——凡尔赛和会

1918 年 11 月，第一次世界大战以同盟国的战败而告终。为了惩办战败国，讨论战后的和约问题，1919 年1~6月，由世界上 27 个国家参加的一次国际和平会议在法国巴黎开幕，这就是大家所熟悉的 1919 年巴黎和会。

早在会议开幕之前，英、法、美、意、日 5 国已在巴黎举行的预备会上，背着多数国家制定了和会的议事规则。他们把即将出席会议的国家分为 4 类：有普遍利益的交战国，即到会的 5 大国：英、法、美、日、意；有个别利益的“交战国”23 个，包括中国和英国的各自治领；秘鲁等与德国断交的 4 个国家；中立国和正在形成中的国家。并据此对各国出席会议的全权代表人数进行了限制：5 大国各 5 名，比利时、塞尔维亚、巴西各 3 名，中国、波兰各 2 名。最后出席会议的代表共有 70 人。

凡尔赛和会上的三巨头

会议正式开幕之后，自始至终为 5 大国所操纵，尤其是以英国首相劳合·乔治、法国总理克里蒙梭、美国总统伍德罗·威尔逊组成的“三巨头会议”更是会议的主宰。会议由东道主法国总理克里蒙梭主持。在长达五个多月的开会时间里，各大国在国际联盟盟约、战后德国的西部边界、德国萨尔区的归属、德国的战争赔款、德国前殖民地的处理等问题上争论激烈，致使会议多次陷入僵局。整个会议笼罩在一片强权政治的阴霾之中，作为和约的另一方，德国代表始终被拒于会议之外。会议最终达成的协议在转交德国代表之后，稍做修改即成为最后的文本。6 月 28 日，与会各国在巴黎近郊的凡尔赛宫签署了《协约和参战各国对德和约》，即《凡尔赛和约》。巴黎和会正式结束。与同盟国集团的其他国家的和约将在会后另行签署。

正在凡尔赛举行的巴黎和会

根据《凡尔赛和约》的规定，德国不但丧失了全部的海外殖民地，而且本土也遭到分割和部分占领，德国的军事力量被限制在一个极低的水平上。由于条约无视中国作为战胜国收回被战败的德国占领的中国山东地区的权益，中国代表拒绝在和约上签字。和会期间，列强还秘密拟定了对俄国进行武装干涉和经济封锁的计划。主宰会议的 5 大国收获也各有大小：英国收益最大，其次是法国和日本。德国战前在非洲和亚太地区的海外殖民地由国际联盟委任英、法、比利时等国以及英国的自治领南非、澳大利亚和新西兰托管。美国由于未批准条约，没有获得直接的好处。

凡尔赛和会是战后帝国主义战胜国重新瓜分世界的分赃会议,是一个由大国主宰世界事务的强权政治的典型事例。它的一个重要后果就是导致战后欧洲凡尔赛体系的形成。

65. 国际性组织的初建

——国际联盟的诞生

早在 1918 年 1 月,美国总统伍德罗·威尔逊就在著名的“十四点计划”中首次明确地提出了建立国际联盟(简称“国联”)的设想,并认为它是“达到永久和平的全部外交结构的基础”。在随后的巴黎和会上,在威尔逊的极力坚持下,会议将有关国联的问题交由一个由威尔逊主持的专门委员会讨论。经过四个多月的反复讨论和修改,1919 年 4 月,国联盟约获得大会的一致通过,并把它列为《凡尔赛和约》和对德国之外的其他战败国和约的第一部分内容。

> **知识链接**
>
> 国际联盟在第二次世界大战后被联合国所取代。

1920 年 1 月,《凡尔赛和约》生效,国联正式诞生,总部设在中立国瑞士的日内瓦。共有包括中国在内的 44 个国家或英国的自治领成为国联的第一批会员国,战败国和苏俄暂时被排除在外。以后,国联的会员国最多时达 63 个,但美国始终未加入。国联的主要机构包括会员国全体代表大会、行政院和常设秘书处。代表大会每年 9 月在日内瓦召开一次会议,必要时可召开特别会议。

国际联盟开幕典礼

每个会员国所派代表不能超过3人,但只有一票表决权。行政院由英、法、美、意、日5个(由于美国缺席,所以实际上最初只有4个,后最多曾达到6个)常任理事国和经大会选举产生的4个(以后增加到9个)非常任理事国组成,每年至少开会1次,后改为4次。秘书处由行政院指定的一个秘书长领导,负责准备大会和行政院的文件、报告和新闻发布工作。另外,国联还有许多下设机构。除程序问题外,国联的所有决策都必须得到全体会议和行政院的一致同意。争端当事国则不能参与涉及本身利益的表决。

国联盟约由“序言”和“正文”两部分组成。“序言”指出,国联的宗旨是促进国际合作,保证国际和平与安全。“正文”部分共26条,主要内容包括国联的组织机构和职能,达到国联成立目的的手段,以及管理殖民地的委任统治制度等,其中有一半是有关维护和促进世界和平的内容,如削减军备,各成员国之间的冲突应通过国际仲裁和司法方式予以解决等等。其他重要的条款还有,会员国要相互尊重并保证领土完整和政治独立,公平缔结和平条约,对原德国的殖民地和奥斯曼帝国的领土实行委任统治等。

国际联盟是世界上第一个政治性的国际组织,它的成立是人类在处理国际关系问题上的一个重要尝试。虽然它在以后的运行过程中经常为英、法等西方列强所操纵,但它的实践活动为以后联合国的成立和运作提供了宝贵的历史经验。第二次世界大战爆发后,国联已名存实亡。1946 年 4 月国际联盟正式宣告解散。

66. 不稳定的均势

——凡尔赛体系的建立

从 1919 年到 1923 年期间,协约国向战败的同盟国集团各国强加了一系列不平等的条约,在这些条约的基础上建立起了一个新的国际秩序,被称之为“凡尔赛体系”。它是战后东西方列强根据新的力量对比调整国际关系格局的产物,也是旨在压迫和掠夺战败国和弱小民族,维护新的殖民统治的帝国主义体系。

> **知识链接**
>
> 凡尔赛体系的实质:帝国主义在宰割战败国和相互妥协基础上安排的战后世界国际体系。

1919 年巴黎和会上通过的《凡尔赛和约》是凡尔赛体系的支柱。根据该条约的规定,德国在欧洲大陆丧失了 13.5% 的领土和 10% 的人口,德国全部的海外殖民地也被协约国以“委任统治”的方式瓜分;德国只能维持最低限度的军事力量,支付巨额的赔款,并为与战胜国的贸易提供便利等等。这样,德国的军事实力基本上被摧毁。根据《凡尔赛条约》建立的国际联盟也是凡尔赛体系的一个重要组成部分。它试图通过国际仲裁和司法手段调解国际争端,但在赤裸裸的强权政治面前,显得力不从心。

随后,协约国又与其他战败国签订了一系列的条约,它们分别是:同年 9 月与奥地利签署的《圣日耳曼和约》和 11 月与匈牙利签订的《特里亚农和约》,第二年8月与土耳其签订的《色佛尔和

《凡尔赛和约》签字仪式

约》,以及三年后取而代之的《洛桑和约》。除《洛桑和约》外,以上各项条约都跟《凡尔赛和约》一样,对所涉及的战败国的疆域、赔款金额以及裁军目标,均作出了严厉的规定。其中《洛桑和约》是惟一的一部较为平等的条约,它使土耳其获得了民族独立,成为战后中东最稳定的国家。

凡尔赛体系从一开始就表现出强烈的不稳定性。究其原因,首先,所有这一系列不平等条约的缔结完全无视战败国的利益,达到了强权政治的极限,其掠夺性骇人听闻,严重伤害了某些国家的民族尊严,导致了战后某些地区强烈的民族复仇主义情绪的泛滥,加深了战胜国与战败国之间的矛盾。30 年代德国法西斯的崛起便是凡尔赛体系的直接产物。由于分赃不均以及战胜国中的大国都想争夺世界霸权,这就加深了战胜国之间的矛盾。

其次,凡尔赛体系严重地破坏了东西方列强之间的均势。战后德国被严重削弱,奥匈帝国解体,法国得以称雄欧洲大陆。日本独霸东亚的野心急剧膨胀。此后不久发生的鲁尔危机和英、日、美之间激烈的海军军备竞赛便是这种不稳定的国际新秩序的恶果。

最后,西方列强在处理战败国领土上的自私自利和极度不负责任的做法,导致了在欧洲大陆和其他地方,比如捷克斯洛伐克、波兰和奥地利等国产生了不少新的民族问题,为以后大国打破凡尔赛体系、挑起新的国际争端提供了很好的借口。

67. 列强在东亚的争夺

——海军军备竞赛

第一次世界大战结束之后，俄、德、法等国纷纷退出了在东亚的扩张，英、日、美三国成为角逐东亚霸权的主要力量。日本在战后因为接管了德、俄两国在中国的权益，实力大增，独霸亚洲的野心越来越明显，从而对英、美在东亚的利益构成了严重的威胁。与此同时，由于美国产品大量涌入英国的在华势力范围，英美关系也趋于恶化。事实上，日、美两国都已将对方视为自己最主要的敌人，英国认为战后日本已成为它在东亚最主要的对手。

日本是一个岛国，美、英两国的本土都远离东亚，因此海军对于各方来说显得尤为重要。为了维护和拓展各自在亚太地区的利益，英、日、美三国展开了一场激烈的海军军备竞赛。1919 年，美国率先实行新的海军扩建计划。它规定最近几年要建造战列舰 3 艘，战列巡洋舰 6 艘。1921 年新的三年计划又增造主力舰 3 艘，按照该计划，到 1924 年，美国将拥有 38 艘主力舰，超过英国的 32 艘，再加上其他船只的加速建造，可望在 20 年代中叶以后取代英国而成为世界第一大海军强国。1921 年，美国海军经费由 1914 年的 136 百万美元增至 433 百万美元，美国海军的吨位由 1910 年的91.7万多吨增至 300 万吨。美国海军主力也从大西洋转移到太平洋，并加强了夏威夷群岛上的珍珠港海军基地的建设，矛头直指日本。

面对美国的挑战，日本和英国也毫不示弱。1920 年，日本开始扩充海军，并将目标确定为保持是美国海军 70% 的比例。第二年，日本海军预算猛增,高达政府财政支出的32%。作为世界第一海军强国的英国,1919—1920年度海军开支也比1913—1914年度的海军开支增加了3倍。1921年,英国决定建造4艘超级战列舰和几十艘其他船只,以维持其海上优势。

海军军备竞赛

愈演愈烈的海军军备竞赛,使英、美、日三国的财政都背上了沉重的包袱,尤其是英国。战后英国财政拮据,美国又不断地催要战时的借款。虽然英国首相劳合曾宣称要奉陪到底,但也不得不承认海军竞赛将把英国拖垮。日本野心不小,但在1921年世界性经济危机的打击下,也深感重荷难负。至于美国虽然资金充足,但要获得真正的海上优势,也绝非易事,况且美国政府是在和平时期扩充军备,在国内必然遭到强烈的反对,要想成功实属不易。

1921年4月,英国正式通知美国,它将放弃传统的“双强标准”(即英国军舰吨位不得少于另外两个拥有最强大海军的国家军舰吨位的总和),并希望与美国讨论两国的海上均势问题。不久,美国国会也正式通过了一项议案,要求政府与英、日两国举行裁军谈判。同年11月,在美国的倡议下,以解决东亚地区争议为目的的华盛顿会议在美国首都华盛顿召开,这标志着英、日、美三国之间激烈的海上争夺进入了一个新的阶段。

68.战后东亚秩序的重建

——华盛顿体系的建立

华盛顿会议

为了缓和由于海军军备竞赛而日趋紧张的亚太局势，在美国倡议下，由美、英、日、法、意、中等在亚太地区有利害关系的9国参加的华盛顿会议，于1921年11月到1922年2月在美国首都华盛顿召开。会议在东道主美国国务卿休斯的主持下，经过近三个月的讨论和磋商，达成了一系列的共识和协议，其中重要的有：

一、英、美、日、法4国签订《关于太平洋区域岛屿属地和领地的条约》，简称《四国条约》，有效期为10年。条约规定：互相尊重在亚太地区的权益；如果这些权益受到侵害，各国应在协商后采取措施；本条约生效后，《英日同盟条约》随即终止。美国通过《四国条约》冠冕堂皇的形式埋葬了英日同盟，从而彻底打破了1902年以来东亚的国际格局，为英、美携手在亚太地区遏制日本扫清了障碍。

二、《英、美、法、日、意五国关于限制海军军备条约》，简称《五国海军条约》，有效期到1936年12月。条约规定：五国主力舰总吨位的限额分别是：美、英各52.5万吨，日本31.5万吨，法、意各17.5万吨（即保持5：5：3：1.75：1.75的比率）；另外还对主力舰的排水量、舰炮口径、航空母舰总吨位做了限制；英、美、日三国在太平洋地区的岛屿和领地上的要塞维持现状；美国不得在菲律宾、关岛、萨摩亚和阿留申群岛、英国不得在香港及太平洋东经110度以东岛屿修建新的海军基地和要塞，日本不得在台湾设防。该条约为日后英、美在太平洋战役初期的惨败埋下了伏笔。

三、中日两国在会议外签订的《解决山东悬案条约》及其《附约》。条约规定，日本将原德国山东租借地归还中国，但中国需对租借地的铁路及其附属产业对日本进行补偿，另外，外国侨民在山东仍将享有许多特权。这是中国外交在华盛顿会议上取得的最大胜利。

四、《九国关于中国事件应适用各原则及政策之条约》，简称《九国公约》。条约规定：尊重中国的主权和独立、领土与行政完整；为中国建立一个稳固的政府提供方便；各国在中国商务实行机会均等；不得在中国谋求歧视他国公民的特权。另外，列强同意交还威海卫和广州湾以及撤除部分在中国的外国电台。这标志着与会各列强在对华“门户开放”政策上暂时取得了一致。

华盛顿会议所签署的一系列的条约和协定，确立了战后远东及太平洋地区国际关系的新格局。华盛顿会议是此前巴黎和会的补充和发展，它所确立的这一新格局即称华盛顿体系。华盛顿体系的建立，拉开了英国退出东亚的序幕，标志着美国在亚太地区影响的上升，也预示着日本在英、美的双重遏制下不得不暂时收敛在中国咄咄逼人的扩张势头。至此，一战后新的国际关系格局“凡尔赛——华盛顿体系”最终确立。

69. 苏俄外交的成功

——热那亚会议

十月革命后，苏俄人民在以列宁为首的布尔什维克党领导下，粉碎了协约国的武装干涉和国内武装分子的叛乱，为经济建设和推行和平共处的对外政策创造了良好的环境，也迫使协约国于1920年1月宣布解除对苏维埃俄国的经济封锁，并允许与苏俄发展有限的贸易。1921年3月，英苏签订了《苏俄—不列颠的贸易协定》。此后，苏俄又同其他11个国家签订了贸易协定。

1921年10月，苏俄政府照会英、法、美、日等国政府，建议召开国际会议，发展苏俄与各国的经济关系。照会产生了巨大影响。1922年1月，英、法、意、比、日5国代表在法国南部戛纳举行协约国最高委员会会议。会议决定在意大利热那亚召开欧洲经济和财政会议，要求所有欧洲国家，包括苏俄应派遣代表参加。

知识链接

热那亚会议是1922年4月10日～5月19日在意大利热那亚城讨论欧洲经济问题的国际会议。亦称热那亚国际经济会议。参加会议的有英、法、德、意、日、苏俄等29国代表，美国派观察员列席会议。

1922年4月20日，苏维埃代表团在契切林率领下参加热那亚会议，并向与会各国提出一系列振兴欧洲经济、普遍裁军的建设性建议。苏俄的建议受到大多数与会代表的欢迎，但遭到协约国尤其法国的反对。英国则建议以内容侵犯苏俄主权的“专家备忘录”为会议讨论的基础，要求苏俄承认并偿还沙皇政府、临时政府和地方当局所借的184.96亿金卢布的债务，归还被国有化的外国人在俄国的财产；取消对外贸易垄断制，让外国人在苏俄享有类似领事裁判特权；由协约国监督俄财政。这些无理要求遭到苏俄代表团的拒绝，会议陷入僵局。

与此同时，苏俄代表在会外积极活动。从热那亚会议一开始，德国代表团就受到压制，这使他们惶恐不安，担心苏俄同协约国达成对德不利的协议，因此，4月15日夜，当契切林代表团秘密同德国代表团接触时，德国同意进行会谈。16日上午，双方在德国代表团住所所在地拉巴洛进行会谈，下午双方达成协议，签订了《德国和俄罗斯苏维埃联邦社会主义共和国协定》，即《拉巴洛条约》。条约规定，苏德两国互相承认，正式恢复外交关系；两国互相放弃对战费和战争损失的赔偿要求；德国承认苏俄已收归国有的德国国家和私人财产；两国在签订重要的国际协定前互相进行协商。另外，秘密条款规定两国在军事方面进行合作。

《拉巴洛条约》与《布列斯特条约》不一样，它是苏德在平等互利的基础上签订的，它在协约国对苏俄的包围上打开了一个重要缺口，这是苏俄外交的重大胜利。

苏德签订《拉巴洛条约》，成为热那亚会议期间轰动一时的特大新闻，使协约国首脑感到十分震惊和恼火，他们要求撤销《拉巴洛条约》。在以后的会议上，协约国处处为难苏俄，阻挠会议的顺利进行，使会议没有取得任何进展。

热那亚会议在整体上没有取得任何成果，但苏俄却在热那亚会议上取得巨大成功。苏俄第一次有机会在重大国际会议上阐述自己对外政策的原则立场；签订《拉巴洛条约》有效地突破了帝国主义对苏俄的包围；苏维埃和平共处的外交政策产生了越来越大的影响。德国也摆脱了第一次世界大战后的孤立境地。

70. 德国赔偿问题的凸现

——鲁尔危机

1921 年,协约国赔偿委员会确定德国的战争赔款总额为 1320 亿金马克,并要求德国从 5 月起,每年支付 20 亿,66 年内付清。德国勉强接受了这一方案,并在 5 月之前按规定交付了 10 亿金马克。但此后德国以经济困难为由,要求延期支付。英国支持德国的要求,提出了减少赔款总数和延期付款的方案,但法国对此坚决反对,英法在赔款问题上的分歧加剧。1923 年初,法国不顾英、美的反对,联合比利时以德国不履行赔偿义务为由,出动约 10 万军队占领了德国的鲁尔工业区,这就是所谓的"鲁尔危机"。

德国抗议法、比的行动侵犯了德国主权,并实行不计后果的"消极抵抗"政策,宣布停止赔偿,要求鲁尔地区行政官员拒绝服从占领当局的命令;企业一律停工,企业主的损失由国家补偿,失业工人由国家救济。对于德国的"消极抵抗",法国则采取扩大占领区,加强军事管制,接管矿山、企业和铁路,解雇抵抗者,在占领区和非占领区之间广设关卡,征收关税等方法相对抗,"鲁尔

知识链接

1923年1月11日，法国联合比利时，以德国不履行赔款义务为借口，出动10万军队占领德国的鲁尔工业区，酿成"鲁尔危机"。对此，德国实行"消极抵抗"的政策。在德国企业停工，工业生产下降，资金大量外流，失业工人激增，通货膨胀达到天文数字；柏林工人罢工，德国政局动荡不安。这就是鲁尔危机。

危机”更加深化。

鲁尔是德国冶金业的中心，生产着占德国80%以上的煤、生铁和钢。法、比占领鲁尔区和德国政府的“消极抵抗”政策，使德国经济陷于崩溃的边缘。德国工业产量急剧下降，大批工人失业，通货膨胀更如脱缰之马。1923年1月，1美元合1.8万纸币马克，10月底，1美元竟能合400亿以上的纸币马克。8月中旬，有300多万人参加的大罢工几乎席卷全国，德国古诺政府被迫下台。然而，法国也未从占领鲁尔中捞到好处。除受到国际舆论的谴责之外，法国从鲁尔运出的煤、铁的价值还抵不上高昂的占领费用。

为了避免德国经济彻底崩溃和防止可能发生的革命，以及在英、美两国的强大压力下，新上任的德国总理斯特莱斯曼于9月宣布放弃“消极抵抗”政策；法国也面临严重的财政困难，于是双方同意召开国际专家委员会以解决赔款问题。11月，德国恢复向协约国供应煤和焦炭作为实物赔偿。同时，由美国银行家道威斯主持的赔偿委员会成立。从此赔款问题的领导权从法国转移到了英、美两国，特别是美国手中。1924年，由赔偿委员会提出的“道威斯计划”开始实行，第二年7月，法、比军队撤出鲁尔区。至此，持续两年多的鲁尔危机方宣告结束。

“鲁尔危机”是第一次世界大战之后围绕战争赔偿问题发生的一次最严重的国际危机。

71. 不了了之的赔款问题

——“道威斯计划”和“杨格计划”

一战后，德国对协约国的赔款问题成为《凡尔赛和约》中悬而未决的最复杂的国际问题之一。按照协约国赔款委员会1921年规定，德国赔款总数应为1 320亿金马克。德国战后虽然被迫接受了《凡尔赛和约》，但在赔款问题上采取了消极的态度，多次表示无力赔款，要求延期支付，英国同意，但法国反对，矛盾不断激化，1923年“鲁尔危机”爆发。英美利用危机，对法国和比利时施压，夺取了赔款问题的主导权。

在这种情况下，1923年11月，赔款委员会成立，由美国摩根财团芝加哥银行经理查尔斯·道威斯主持的专家委员会，负责赔款问题。1924年4月，道威斯向赔款委员会提出了关于解决德国赔款问题的书面报告，即“道威斯计划”，由美国金融界向德国提供贷款，帮助德国稳定通货膨胀、恢复经济等。法、德表示接受。“道威斯计划”是协约国在赔款问题上对凡尔赛体系的重大调整，标志着协约国对德政策发生了重大转折。它变削弱德国的方针为扶植德国的方针，并且减轻了赔款的义务，实际上放弃了对德国故意不履行义务时实行制裁的权利。该计划实施后，美国大量资金涌入德国，给德国经济输入了新鲜血液，刺激了德国经济迅速恢复和发展，同时也加强了美国对欧洲国际关系的影响。1929年，德国经济居于欧洲第一，在资本主义世界仅次于美国而居第二位。这为德国重新成为军事经济强国，并再次走上侵略扩张的道路创造了条件。

1928年,德国再次要求修改"道威斯计划",1929年,组成了以美国财政专家杨格为首的委员会,提出了德国赔款的新方案——"杨格计划"。再次明显地削减赔款数额,德国赔款总额降为1139亿金马克,分59年付清,1930年6月底以前协约国占领军撤出莱茵区,比《凡尔赛条约》规定的日期提前了4年零6个月。

知识链接

第一次世界大战结束后,协约国于1924年制定的德国赔款支付计划。由于德国财力枯竭,加上战胜国争夺德国赔款的矛盾,德国按《凡尔赛和约》(见巴黎和会)支付赔款问题成为20年代资本主义国际经济与政治中难以解决的纠纷。根据英国提议,协约国赔款委员会于1923年11月增设两个专门委员会,一个研究平衡德国预算和稳定德国金融之方法,一个调查德国资本外流情况并设计引回的方法。两个专门委员会以美国银行家C.G.道威斯为主席。12月由法、比、意、英、美5国代表组成的国际专家委员会赴德调查,研究德国赔款问题。1924年4月9日道威斯拟定一项解决赔款问题的计划,史称道威斯计划。

1929年10月的世界经济大危机打乱了"杨格计划"的实施,德国经济再度濒临破产。1931年德国声称无力还债,1932年,德国宣布无力也不会在任何条件下支付赔款。为解决赔款问题,协约国于7月签订《洛桑协定》,规定德国最后必须缴纳30亿马克,作为免除其赔款义务的补偿,而且批准的前提条件是妥善解决协约国之间的债务。由于美国坚决反对勾销或减免战争债务,《洛桑协定》始终未获批准,德国也从此未再支付任何赔款,赔款问题从此不了了之。它使德国从此摆脱了《凡尔赛条约》的经济束缚,为德国军事力量的发展打开了方便之门。

72.“口惠而实不至”

——《洛迦诺公约》

一战后,欧洲安全保证问题在凡尔赛体系中并未得到很好的解决,德国和法国对欧洲安全问题各有自己的打算。20 世纪 20 年代法国外交上连遭挫折,孤立与不安全感日益增加,法国极力寻求安全保证。德国则利用英、美与法国的矛盾,力图摆脱《凡尔赛条约》的束缚,企图恢复大国地位。1925 年德国向英、法、意等国正式递交了关于缔结莱茵公约的备忘录,得到英、美的支持,法国也被迫同意。1925 年 10 月5 日~16 日,德、法、英、意、比、波、捷七国在瑞士小城洛迦诺举行国际会议,会议草签了 8 个文件,总称《洛迦诺公约》,其主要内容如下:

一、根据德、法、英、意、比五国签订的《莱茵保安公约》,德、法、意、比之间的领土维持现状,双方不得彼此攻击和侵犯,在任何情况下不得诉诸战争,彼此应通过外交途径与和平方法解决一切争端;《凡尔赛条约》关于莱茵非武装区的规定应得到遵守;德国将被允许加入国联。

二、根据德国与比、法、波、捷签订的仲裁条约,缔约双方保证对今后发生的一切争端,如不能通过正常的外交途径解决,应提交仲裁法庭和国际常设法庭解决。

三、根据法、波、比、捷的相互保证条约,如缔约一方受到德国的侵略,彼此应立即给以援助。

《洛迦诺公约》被鼓吹为“战争与和平的划时代界限”,是“和平主义时代的最高峰”,宣称“洛迦诺精神”开始盛行。事实上,《洛迦诺公约》是协约国集团长期相互斗争、相互妥协的产物,对20世纪20年代中期国际关系产生了重大影响,它虽然有助于缓和法、德矛盾,稳定欧洲局势,但它带来的不过是纸面上的和平。它的许多安全措施听起来十分有力,实际上是“口惠而实不至”的。《洛迦诺公约》在法国问题上表现最为典型。公约大大削弱了法国在欧洲的地位,对之最为不利。法国对德国违反和约的行动已不能像占领鲁尔那样进行制裁,它与德国处于完全平等的地位。法国作为欧洲强国,其本身的边界安全尚需依赖英、意的保证。一旦协约国从莱茵区撤军,法国的安全将再次成为问题。而英国在20年代正忙于国内问题,不愿对欧洲大陆承担广泛的义务,其政策是力图维持欧洲均势,反对法国过分强大和任意制裁德国,并扶植德国对抗法国。因此,英国不能也不愿提供对法国的安全保证,因此英国处于战后最为有利的国际地位。

另外,公约对捷克和波兰的保证也是纸面文章。公约的内容经不起仔细推敲,它对捷、波的保证规定是自相矛盾的。公约没有理由只保证德国的西部边界,而拒绝对其东部边界的保证。根据《凡尔赛和约》,莱茵区由五国保证,永久禁止军事行动。但如果德国侵犯波兰,和波兰签有互助条约的法国,只有越过莱茵区才能制止德国的侵略行动,而这又破坏了《洛迦诺公约》。

《洛加诺公约》是“道威斯计划”在政治上的继续,对德国影响最大,它是德国战败后第一次同战胜国签订的平等条约,恢复了德国在西欧的平等地位和国家尊严,为军国主义复活在政治上铺平了道路。不久,德国加入国联,并成为常任理事国。意大利成为莱茵地区安全保证国之一,国际地位也提高了。总之,《洛迦诺公约》

的许多条款听起来冠冕堂皇，许多措施看起来十分有力，实际上，由于条约本身的自相矛盾和协约国的相互斗争，公约的许多条款成为一纸空文。

73. 一纸空文

——裁军与《非战公约》

法国在赔款问题和安全问题上的外交失败，大大削弱了它在欧洲的地位，而且自身安全也没有得到真正保证，法国仍然需要寻求安全保证。1927 年 4 月，法国外长白里安利用美国和平主义思潮，向美国国务卿凯洛格提议永结互不交战条约。为了防止美国过度卷入欧洲事务，凯洛格在照复白里安时提议缔结美、法、英、德、意、日六国签署的多边非战公约，并对其他国家敞开大门。经过协商，各国取得一致。1928 年 8 月，德、美、法、英等 15 国代表在巴黎作为创始国，签订了《关于废止战争作为国家政策工具的一般条约》，即《非战公约》，又称《白里安—凯洛格公约》或《巴黎公约》，规定于 1929 年 7 月 25 日生效。至 1933 年，共有 63 个国家参加。

《非战公约》条文冠冕堂皇，声称缔约各方“斥责用战争来解决国际纠纷”，“废弃战争作为实行国家政策的工具”，“一切可能发展的争端或冲突，无论其性质或起因如何，只能以和平方式加以处理或解决”。但是它存在着严重缺陷，没有任何实际意义。它并没有规定各国废弃战争、维护和平所需负担的明确责任，也没有要求各国为此而作出任何牺牲。它也未涉及当时令人注目的裁军问题，未能阻止各国疯狂的军备竞赛，更没有制定具体的实施办法和制裁违约的措施。不仅如此，各国还提出了各种各样的保留条款，其中最主要的是各国都“拥有决定情况是否需要诉诸战争以实行自卫”的权利，实际上，正是这种权利成为法西斯国家发动战争的借口。

知识链接

《非战公约》，全称《关于废弃战争作为国家政策工具的普遍公约》，亦称《巴黎非战公约》（Pact of Paris）或《凯洛格—白里安公约》（Kellogg-Briand Pact），是1928年8月27日在巴黎签署的一项国际公约，该公约规定放弃以战争作为国家政策的手段和只能以和平方法解决国际争端或冲突，由于该公约本身是建立在理想主义的国际关系理论下，所以该公约没有发挥实际作用，但是该项公约是人类第一次以放弃战争作为国家的外交政策。

另外，当时弱肉强食的国际现实没有也不可能提供条约实施的条件。当时欧美各大国都心怀鬼胎，企图称霸欧洲或世界，经济上加速壮大自己的力量，千方百计想削弱敌国，军事上则疯狂扩军备战，企图增加经济军事实力作为自己争夺世界的砝码。各国没有也不可能把存在严重缺陷的《非战公约》作为本国处理国际事务的准则，与之相反，各国正是打着《非战公约》的幌子，四处进行政治、经济和军事扩张，破坏公约。因此，公约在当时只能是一纸空文，是欧美列强装饰门面的工具。

当然，从长远的观点来看，《非战公约》作为世界上大多数国家都参加的国际条约，仍是一个重要的国际文件。它提出的放弃以战争为实施国家政策的工具，和平解决争端，奠定了互不侵犯原则的基础，成为二战后国际法庭审判德、日战犯的依据。

74. 美国对日本侵华的反应

——“不承认主义”

在美国20世纪30年代经济大危机肆意蔓延之际，面对日本发动的大举侵华行为，胡佛政府的国务卿亨利·史汀生提出了“不承认主义”，即不承认有损于美国在华利益的条约。在富兰克林·罗斯福入主白宫后，继承了前任政府的政策，对日本的侵华采取“不承认主义”的政策。美国的目的显然是一方面不开罪正在上升中的日本军国主义势力，避免与之正面交锋；另一方面又力图维护其在华的利益，阻止日本对中国东北乃至全中国的独占。这种政策并不像人们所认为的那样，是对日本侵华的绥靖，甚至是在帮助日本侵华，实际上这是当时美国所能作出的力所能及的反应，除此之外，美国没有也不可能有其他的政策选择。

知识链接

史汀生主义，亦称“不承认主义”，美国中立政策的具体表现。30年代初，遭受经济危机深重打击的美国，为避免在争夺国际市场的外交活动中陷于失败，决定实行以孤立主义为标志的中立政策。

20世纪30年代，美国陷入了空前的经济大危机，工业生产急剧缩减，工厂不断倒闭，失业工人多达1 700万，农业、金融业等行业也遭到沉重的打击，农产品价格狂跌，银行纷纷关门。随着危机的不断加深，人们日益丧失了对企业和政府的信心，沮丧、失败的情绪弥漫全美国。胡佛政府、罗斯福政府都忙于解决国内经济危机，处于自顾不暇的状态。与此同时，一战给美国留下的战争阴影长期徘徊在人们心中，美国人普遍存在着和平主义思想和厌战情绪。著名作家欧内斯特·海明威、约翰·帕索斯等的反战小说产生了重大影响。到了30年代,孤立主义非常盛行,美国人多数反对美国卷入国际纠纷,反对美国参与国际事务,民主党人、共和党人、社会党人等都参与其中,领导人包括共和党人参议员威廉·博拉,前总统赫伯特·胡佛等。甚至到了30年代后期,孤立主义势力仍十分强大。1937年,罗斯福总统在芝加哥发表了要对世界各地的侵略者进行隔离的"防疫"演说,表示了反对侵略的决心。即使如此还是遭到孤立主义者的强烈反对,总统最终不得不妥协让步。

在这种情况下,美国不可能采取激进措施与日本军国主义对抗,所采取的只能是中立式的"不承认主义"。而且美国的"不承认主义"政策并非一成不变,到1937年,随着美国从经济危机中恢复,总统罗斯福的注意力从国内转向国际,对日本1937年7月的全面侵华行为开始作出反应,在宣布从中国撤军的同时,顶住了孤立派的压力,拒不宣布对中、日实施中立法,这有利于中国购买美国的军火。1938年6月,对日实行飞机和制造材料的"道义禁运"并以法律禁运相威胁。1938年12月,针对日本11月宣称要建立"东亚新秩序",美国提出抗议,并宣布由进出口银行向中国提供2500万的"柏油贷款"。1939年日本占领中国南沙,7月,美国通知日本《日美商约》按规定半年后终止。1940年11月,在日本承认南京伪国民政府的同一天,美国向中国提供1亿美元的贷款和50架新式战斗机。1941年7月,日本侵入印度支那南部,罗斯福下令冻结日本在美国1.3亿美元的资产,并对日本实行全面禁运。总之,"不承认主义"政策作为美国对日侵华的反应,是与其国内外形势相适应的,并非美国对日推行绥靖政策。

75. 美国力图巩固“后院”

——睦邻政策

20世纪30年代，随着美国对拉丁美洲政治、经济控制的不断加强，富兰克林·罗斯福执政时期改变以往对拉美各国的军事干预政策，采取了泛美主义的“睦邻”政策，力图以新的统治形式来巩固自己的“后院”。

知识链接

睦邻政策是美国第三十二届总统F.D.罗斯福执行新政时期，对拉丁美洲推行的外交政策。早在C.柯立芝政府后期，罗斯福就主张改善对拉美的政策。H.C.胡佛政府对拉美虽仍然实行武装干涉政策，但不得不做些睦邻的姿态。罗斯福就任后正式提出：“在对外政策方面，我认为我国应该奉行睦邻政策。”1936年底在泛美特别会议上，美国正式承认放弃武装干涉政策。

自建国以来，美国就对拉美各国怀有野心，视它们为自己的战略“后院”。1823年门罗主义提出“美洲是美洲人的美洲”，反对欧洲列强染指美洲。当时美国力量还很弱小，门罗主义没有产生重大影响。但到19世纪末20世纪初，美国经过西进运动、工业革命，经济迅速发展，一跃成为世界经济强国。1894年，美国工业总产值跃居世界第一位。随着经济力量的不断壮大，美国对外侵略倾向不断增强，又重新打出门罗主义的旗帜，在美洲四处出击，干涉别国内政。一战以后，英、德在拉丁美洲势力被削弱，美国趁机加强了对拉美各国的政治控制和经济掠夺。

20世纪30年代初，由美国爆发的经济危机很快席卷了整个资本主义世界，资本主义大厦摇摇欲坠。在这种情况下，英、法、意、日等国家同美国在拉丁美洲的争夺日益加剧。与此同时，由于美国的政治控制和经济掠夺，拉丁美洲各国的反美情绪不断激化，美国对这一地区的影响有被削弱的危险，为了缓和矛盾和改善关系，美国不得不调整对拉丁美洲的政策。

1933 年 3 月 4 日，罗斯福在总统就职演说中声称："在世界政治方面，我将使本国遵循睦邻政策——这个邻人坚决尊重自己，所以也尊重别人的权力；珍视自己的义务，也珍视与所有邻国和全世界协议中所规定的神圣义务。"这是继"门罗宣言"、"大棒和金元"政策之后，美国在新形势下提出的拉美政策。"睦邻"一词，并非罗斯福的新创造，过去的美国总统，从泰勒、林肯到罗斯福的前任胡佛，都曾说过美国要对拉美国家"履行好邻居的全部责任"之类的话。作为一个比较能够正视现实的资产阶级政治家，罗斯福深知，要维持和加强美国在拉美业已动摇的阵地，除了重复宣传"睦邻"、"互相谅解"之外，还必须采取具体行动，以证明美国已经摈弃了昔日的赤裸裸武装干涉拉美国家的政策。于是，美国从海地、圣多明哥、古巴和尼加拉瓜撤出军队。但美国在对拉美各国加紧经济渗透的同时，仍利用各种机会加紧对拉美国家的军事控制。如 1933 年干涉古巴，1934 年干涉尼加拉瓜，1932 – 1935 年介入玻利维亚同巴拉圭的战争，1938 年武装干涉墨西哥等。

"睦邻"政策取得了巨大成功，美国正是通过它缓和了与拉美各国的紧张关系，赢得了拉美各国的广泛支持，成功地巩固了它的战略后院。在与法西斯德国的激烈争夺中，美国利用泛美主义的"睦邻"政策，成功地取得了拉美国家的一致支持，共同反对法西斯德国。"睦邻"政策的应用一直持续到 1945 年，才为美国控制下的"集体安全政策"所取代。

76. 伦敦“折冲”

——1933 年世界经济会议

1929—1933 年资本主义世界爆发了空前严重的经济危机。工业危机、金融危机、农业危机相互交织，资本主义大厦摇摇欲坠。为了改变本国的经济状况，各资本主义国家之间的货币战、贸易战、关税战等名目繁多的经济战愈演愈烈，他们推行各种损人利己、转嫁危机的政策，相互之间的矛盾日益尖锐，资本主义世界的国际经济秩序达到了崩溃的边缘。在危机期间，欧、亚两个战争策源地先后形成，意大利法西斯也蠢蠢欲动，英、法、美却采取了绥靖政策，国际政治形势动荡不安。为了减轻世界经济危机的冲击，缓和因经济战而带来的国际紧张关系，稳定资本主义秩序。1933 年 6 月 12 日至 7 月 27 日，在伦敦举行了世界经济会议，英、法、美、德、意、日等 64 国出席会议。

大会主要讨论了三个问题。第一，战债问题。这一问题是指第一次世界大战中美国借给协约国总额为 115 亿美元的债款。由于经济危机严重，英、法、意表示无力偿付，要求美国减免，但美国拒绝。德国态度强硬，要求修改《凡尔赛和约》，并强调指出，如果忽视国际政治的痛苦，世界经济的一切问题都难以解决。战债问题本来就使会议前景暗淡，德国又插进来兴风作浪，会议变得更加混乱。第二，关税与国际贸易问题。6 月 17 日，美国抛出了《普减关税公约提案》，企图凭借其雄厚的经济实力向各国进行经济扩张。英国首先反对，法国、日本表示原则上接受，但提出保留条件，实际上对美国提案持否定态度。德国出于重整军备的需要，根本不考虑降低关税问题，未等会议结束就提高了关税。各国意见不一，一直到会议结束，他们在关税和国际贸易问题上都没有达成任何协议。第三，稳定货币问题。在国际货币金融问题上，帝国主义各国也是互不相让，焦点集中于美元汇率稳定问题。1933 年 4 月，美国放弃金本位制，美元币值下跌。英国担心英镑继续贬值会导致信用崩溃，以致无法与美元竞争，因而力主美元稳定。法国是资本输出方面得益较大的国家，因此法国坚持货币稳定应该是会议的中心，并主张维护金本位制。德国对货币金融实行高度集中和严格控制，美元下跌对它影响不大，德国真正关心的是解除《凡尔赛和约》的束缚，以便放手参加到帝国主义列强争霸的行列中。日本对外汇实行全面管理控制，可以抵挡美元下跌对日元的冲击，因而日本宁愿作壁上观。美国坚决不同意稳定美元，因为美元稳定会阻碍美国的经济复兴计划。英、法、意、比、日、荷等国要求尽快恢复金本位制，稳定货币，罗斯福多次发表声明拒绝。有关国际货币金融问题的讨论陷入了僵局。

> **知识链接**
>
> 1929-1933年大萧条，摧毁了一战后重建的世界经济格局。国际联盟为缓解危机而召开的伦敦世界经济会议，则成为新旧世界经济体系的转折点。英国企图借助美国的金融实力，恢复由其主导的世界经济传统秩序；美国则希望终结以英国为核心的世界经济传统秩序，倡建全球经济新秩序，伦敦世界经济会议最终未就任何实质性问题达成协议。会议之所以失败，是因为英法与美国在如何协作对付危机的问题上思路迥异，而会议的失败则为美国以后构建由其主导下的世界贸易金融合作机制奠定了基础。

伦敦经济会议矛盾重重，无法继续下去，7 月 27 日宣布休会，从此再未复会。会议的失败促使帝国主义各国之间的经济争夺进一步加剧，相对统一的资本主义世界市场分解为区域市场或市场集团，使国际货币领域分割为货币集团，使世界经济体系分裂成为经济势力范围或经济集团。这种市场集团、货币集团、经济集团逐渐演变成为对立的两大帝国主义政治军事集团——德、意、日集团和英、法、美集团。国际政治局势不断恶化。1933 年 10 月，德国退出国联裁军会议，不久又退出国联，大踏步地走上了对外扩张的道路。帝国主义之间的经济战终于把人类推入了真枪实弹的第二次世界大战。

77. 冰释前嫌

——1933 年美苏建交

1917 年苏俄十月革命取得胜利，年轻的苏维埃国家坚决摒弃了沙皇俄国的武力政策和帝国主义殖民政策，坚决执行列宁制定的和平外交政策，尊重各国人民的主权和民族自决权，不干涉别国内政，与各国人民友好合作。1924 年 2 月至 10 月，苏联先后与英国、意大利、希腊、奥地利、瑞典、丹麦、法国建立了外交关系。1925 年 1 月，日本也与苏联建立了外交关系，因而 1924 年被称为“承认苏联之年”。在资本主义大国中，只有美国以苏联不偿还第一次世界大战时的债务和厌恶共产主义制度为理由拒绝承认苏联。柯立芝政府和胡佛政府奉行外交上不承认苏联的政策，但美国企业界却从未中断与苏联的贸易，并从中得到好处。美国国际收割公司援建了斯大林格勒的拖拉机厂；通用电器公司援建了列宁格勒的电力系统，1928 年还签订了 2 800 万美元的技术援助合同；纽约美孚公司主张购买苏联石油；杜邦公司则与苏联签订共建化肥厂的合同。此外，美国无线电公司、美国机车公司等企业都与苏联签订了商业合同。爱达荷州共和党参议员威廉·博拉等一批政治家要求承认苏联，罗斯福的政策助手威廉·希利特和农业部长华莱士主张承认苏联，他们强调苏、美不能在非官方基础上发展农业和贸易。

1929 年 10 月起，美国陷入了历史上空前严重的经济危机。苏联成为对美国具有越来越大吸引力的买主。1930 年，苏联购买了美国全部出口农具的 36% 和全部拖拉机的 5% 。1931 年，美国卖给苏联的机床占美国出口机床的 65% 。与此同时，1933 年 1 月，苏联提前完成了第一个五年计划，并由农业国过渡到工业国，成为世界经济强大的国家。苏联这一巨大市场，对于遭受 30 年代经济大危机、对外贸易萎缩不振的美国来说，具有无比的吸引力。1933 年 1 月，美国 45 个州 268 所学校的 800 名教授联名写信给罗斯福，强烈要求美国同苏联恢复正常关系。1933 年 6 月，世界经济会议在伦敦召开，会议期间，苏联人民外交委员会李维洛夫和美国国务卿赫尔就两国经济关系问题交换了意见。李维洛夫在大会上宣称，苏联打算从国外包括美国在内订购 10 亿美元的货物。1933 年 7 月 12 日，拥有 48 个州 3 个商号的美国商会发表关于美苏关系的专门决议。决议认为："伦敦会议重新表明了不承认苏联政策的一无是处，承认苏联是从美苏贸易中获得任何重大利益的先决条件。"

1933 年 5 月 16 日，罗斯福致参加裁军会议及世界经济会议的 53 个国家首脑一份呼吁书，建议裁减进攻性武器，各国缔结互不侵犯的政治经济关系的公约。呼吁书也送给了苏联最高苏维埃主席加里宁，加里宁复函表示完全赞同。1933 年 10 月 10 日，罗斯福总统致函加里宁主席，对美苏两国之间没有正常关系表示遗憾，建议举行关于两国建立外交关系的谈判，结束目前两国不正常的关系。加里宁复函表示同意。

在这种形势下，美苏举行建交谈判，但进展不大。11 月 10 日，苏联外交人民委员李维洛夫直接与罗斯福谈判，取得了实质性进展。15 日，罗斯福与李维洛夫在白宫签署了各项协议书，美、苏两国宣布正式建立外交关系。双方宣布相互尊重主权，不以任何方式干涉各自的内部事务、领土或财产，不以任何方式赞助危害各自的稳定、繁荣、秩序或安全的行动，制止煽动武装干涉之行动；不支持任何反对各自政府的团体或军事组织。

知识链接

美苏建交是美苏关系发展史上的重要里程碑。美苏关系正常化不仅有利于两国在经济、文化和科技等领域的合作，而且推动了苏联与其他国家建立外交关系。从长远角度看，美苏关系正常化对维护世界的和平与安全具有重大意义，它为第二次世界大战期间美苏同盟关系的确立和发展提供了必要的前提。因此，可以毫不夸张地说，没有美苏外交关系的建立，就没有两国人民在世界反法西斯战争中的友好合作。

两国外交关系的建立为双方的经济发展，尤其是对美国的经济发展起了巨大的推动作用，也为两国在二战中并肩战斗、共同打败德、意、日法西斯奠定了坚实的基础。

78. 纵容与绥靖

——英法对意大利侵略埃塞俄比亚的态度

意大利吞并地处非洲之角、战略位置十分重要的埃塞俄比亚之企图由来已久。19 世纪末 20 世纪初，意大利侵略埃塞俄比亚以失败而告终，被迫签订和约，承认埃塞俄比亚的独立和主权，此后，意大利一直耿耿于怀，伺机卷土重来。20 世纪 30 年代，经济大危机沉重地打击了意大利，国内各种矛盾不断激化，为了转嫁经济大危机的严重后果，转移人民对法西斯政权的不满，意大利再次将侵略矛头指向埃塞俄比亚。1934 年 12 月，意大利向埃塞俄比亚奥加登省瓦尔－瓦尔绿洲的驻军发动袭击，挑起事端，并积极备战，企图吞并埃塞俄比亚。

1935 年 1 月，埃塞俄比亚政府向国联理事会提出控诉，要求国联采取措施，制止意大利的侵略。英、法害怕激怒意大利，对瓦尔－瓦尔事件采取纵容态度，不仅坐视不管，而且通过各种渠道让意大利知道，它的行为不会受到惩罚。在英、法的操纵下，国联起先只要求埃、意双方直接谈判，继而则组织仲裁委员会，准备进行仲裁，但没有谴责意大利的侵略行径。在英、法的纵容绥靖下，意大利进行了充分的战争准备。1935 年 10 月，意大利兵分三路侵入埃塞俄比亚，到 1936 年，侵埃的意军已达 40 万。对意大利的侵略行为，英、法继续推行绥靖政策，避免激怒意大利。英、法控制下的国联于 1935 年 10 月 5 日成立六国委员会，研究当时形势。10 月 9 日至 11 日国联大会决定对意实行制裁，包括武器禁运、财政制裁、

准备侵略埃塞俄比亚的意大利军

禁止进口意大利的货物、禁止向意大利出口某些货物。但在英、法的操纵下,向意大利的禁运物资不包括石油、钢铁、铜、铅、锌、煤等重要的战略物资。另外,由于英、法的阻挠,制裁到11月18日才开始,而石油制裁问题一拖再拖,直至埃塞俄比亚灭亡也未实施。

英、法不仅通过国联对意绥靖,而且还与意大利秘密接触,直接对意推行绥靖政策。1935年12月7~8日,英国外交大臣霍尔与法国外长赖伐尔在巴黎会谈,拟订了"意大利—埃塞俄比亚冲突的共同解决提纲"(即《霍尔—赖伐尔协定》),对意大利再次大步退让。连一贯坚决主张对意大利让步的英国外交部常务次长范西塔特都认为,协定条件是"侵略者得到的东西比它已经得到的东西还要多,虽然比它希望得到的要少一些"。1936年7月,英外交大臣艾登在国联建议取消对意大利的制裁,7月15日实施。英、法最终完成了牺牲埃塞俄比亚的最后一幕。

英、法推行绥靖政策,纵容意大利吞并埃塞俄比亚的行为产生了严重的后果。针对意大利的制裁虽软弱无力,却仍然激怒了意大利,推动意大利向德国靠拢。1936年11月德、意结成柏林—罗马轴心,同时也刺激了德国的侵略野心,推动德国对外侵略扩张。1936年3月,德国撕毁《凡尔赛和约》,将军队开进莱茵非武装区。另外,英、法及国联对意大利侵略行为的纵容和绥靖，使许多欧洲小国感到失望，它们开始寻求国联之外的出路，这样就摧毁了欧洲集体安全体系。

79. 灾难深重的民族

——“二战”时德国对犹太的屠杀

犹太民族是个陌生而又很神秘的民族。犹太民族的历史是一部迁徙与流散、跋涉与漂泊、迫害与劫难交汇的血泪史。尽管犹太民族仅占人类总人口的0.3%，但它曾经对人类的文明和社会发展作出了不可比拟的贡献。它向全人类展示了《圣经》，孕育了马克思、爱因斯坦、弗洛伊德、门德尔松等举世闻名的伟人。虽然如此，犹太民族并没有逃脱被迫害的命运，特别是在第二次世界大战中，他们在德国铁蹄的蹂躏下，遭受了一场空前浩劫。

1933年，希特勒独揽了德意志第三帝国的党、政、军权。他不仅是个狂热的纳粹分子，还是个顽固的反犹太主义者。在他看来，只有雅利安民族是最优秀的种族，理应统治世界。其他民族均为劣等民族，特别是犹太民族，他们的身上体现了他所痛恨的一切。希特勒对于犹太民族的迫害还有经济上的原因。19世纪以来，犹太人凭借传统的经商优势，在德国的经济中取得了举足重轻的地位。到二战以前，德国的犹太人有50万，占总人口的1%，但他们的财产却占国民收入的1/6。希特勒上台以后，疯狂地扩军备战，犹太人丰厚的资产自然会引起他的垂涎。于是希特勒掀起了反犹运动，大肆逮捕、驱逐乃至屠杀犹太人，一方面除掉他的“眼中钉”，另一方面，可以顺理成章地将犹太人的财产充为“国有”。

受德国残害的犹太人

率先受到迫害的是德国本土的犹太人。希特勒通过制订和执行一系列政策和法律，对犹太人进行限制和迫害。截止1935年底，大约有8 000名犹太人自杀，7.5万犹太人逃到国外，其中包括爱因斯坦和弗洛伊德。而1938年11月的“水晶之夜”成为德国大规模反犹太运动的导火线。从11月9日起，各地掀起了大规模的反犹暴乱。7 000家犹太商店遭到袭击，犹太人的教堂被烧毁，财物被损坏，人员死伤不计其数。当晚有2.5万犹太人被关进集中营。事后，国家责令犹太人支付10亿马克赔偿金，相当于犹太人全部财产的20%。以此为起点，纳粹政府还采取了一系列措施，取消了犹太儿童享受义务教育的权利；犹太人从事各种行业的执照被吊销，一切犹太人生存的必需条件被剥夺。

从1939年9月1日起，纳粹的铁蹄开始踏遍欧洲大陆，犹太民族也一步步接近亡族灭种的悲惨境地。在波兰、法国、荷兰、匈牙利，犹太人或被赶入犹太人隔离区，或被当作廉价劳动力，或被投入集中营，或被集体屠杀。为了屠杀犹太人，希特勒还命令设立了灭绝人性的纳粹集中营，对犹太人进行种族灭绝式的血腥屠杀。这些堪称人间地狱的纳粹集中营以波兰最多。大批的犹太人从欧洲各地被驱赶到这里。

纳粹屠杀犹太人最重要的手段是毒气和火刑。在最有名的奥斯维辛集中营,曾经创下过一天毒死6 000人的最高纪录。被屠杀的尸体马上运到火葬场烧掉。据不完全统计,在第二次世界大战期间,大概有600万犹太人成为纳粹屠刀下的冤魂,还包括100万儿童,占世界犹太人总数的1/3。其中仅死于奥斯维辛集中营的就达200万之多。犹太人经历了一场浩劫,整个欧洲文明也经历了一场浩劫。

但是在这场史无前例的大屠杀中,犹太民族的信念并没有在法西斯的淫威下泯灭,英勇的犹太人民也并没因此而屈服。他们自发地掀起了群众性抵抗运动,或服役于各盟国军队,直接同法西斯作战,或开展各种形式的地下抵抗运动,为最终打败法西斯贡献了自己的一份力量。

80. 法西斯轴心的形成

——德意日签订《反共产国际协定》

20世纪30年代,世界经济大危机沉重打击了德国和日本,两国法西斯势力迅速膨胀,并先后建立了法西斯政权,对内积极扩军备战,对外疯狂侵略扩张。在争夺世界的斗争中,德、日出于摆脱凡尔赛——华盛顿体系的束缚和对付英、法、美及苏联的共同需要,加紧了互相勾结。

1935年5、6月,日本驻德大使就开始同希特勒的顾问里宾特洛甫举行关于缔结同盟的谈判。1936年11月25日,日本代表武者小路公开同德国代表里宾特洛甫在柏林签订了《反共产国际协定》。协定污蔑共产国际干涉各国内政,“威胁”世界的和平与安宁,并规定“缔约国相约对于共产国际的活动相互通报,并协议必要的防止措施,且紧密合作以完成上述措施”。在针对苏联的秘密协定中规定,“在缔约国一方无故遭到苏联进攻或威胁时不采取任何有利于苏联的行动,并应立即着手讨论保护共同利益的措施”。两缔约国约定,未经双方同意不得与苏联缔结违背本协定精神的任何政治条约。希特勒私下毫不隐讳地说,打出反布尔什维克主义的旗号,是要取得凡尔赛诸国的信任,这是能使德国摆脱束缚、重整军备、对外扩张领土的“惟一办法”。

日德签订《反共产国际协定》

德国与意大利同为欧洲法西斯强国,在对外侵略上,德国与意大利之间矛盾不断,特别是在奥地利问题上争夺得更为激烈。但是,意大利侵略野心很大,实力却相对不足,要想从英、法手中夺取殖民地和势力范围,实现其“大罗马帝国”的美梦,就不得不借助德国的支持。1935 年意大利入侵埃塞俄比亚,几乎遭到所有国家的反对,在国际上十分孤立。正在墨索里尼焦头烂额之时,希特勒挺身而出,公开支持意大利,这对意大利来说无疑是雪中送炭。墨索里尼改变了对德国的态度。1936 年 7

月，德、奥签订“友好条约”，意大利不但不反对，相反，还给予德国以支持。而1936年德、意联合干涉西班牙，更是密切了德、意关系。1936年10月意大利外长齐亚诺应邀访问德国，10月25日签订了一个秘密协定，它标志着两国在建立侵略集团的道路上迈出了关键性的一步，形成了“柏林—罗马”轴心。1937年9月，墨索里尼应邀访问德国，11月6日，意大利宣布加入《反共产国际协定》，发表了《关于意大利加入德日反共产国际协定议定书》，标志着“柏林—罗马—东京”轴心的最终形成，法西斯侵略集团正式建立。

轴心集团的建立，是希特勒准备发动世界大战的重要战略部署，德、日结成集团的目的不仅是反苏，而且主要是同英、法、美争夺势力范围，加紧对外侵略扩张，最终建立世界霸权。正如希特勒宣称：“我们缔结同盟只是为了战争。”随着法西斯轴心集团的形成，法西斯战车便开足马力，全速驶向战争的轨道，世界和平面临着更加严重的威胁，新的世界大战日益逼近。

81. 悲剧的序幕

——《慕尼黑协定》的签订

20世纪30年代，德国法西斯专政建立后，对内加强独裁统治，疯狂扩军备战，对外则疯狂侵略扩张。1936年3月，德国公开撕毁《凡尔赛和约》，占领莱茵不设防区。1938年3月吞并奥地利后又把侵略矛头指向了捷克斯洛伐克，对捷克的侵略是从侵占苏台德开始的。

面对德国对苏台德的领土要求,英、法一如既往地推行纵容绥靖政策。英、法有自己的如意算盘,对德绥靖一方面可以避免激怒德国,防止引火烧身,另一方面希望在满足德国的领土野心后,将祸水东引,推动德国进攻苏联。为达到目的,英、法在苏台德问题上不遗余力地绥靖德国,不惜背弃盟国,不断对捷克施加压力,渲染战争恐怖气氛,以压服捷克满足德国的要求。1938 年 9 月 15 日、22 日,69 岁高龄的英国首相张伯伦两次飞抵德国,与希特勒进行会谈,竭力满足德国的无理要求,并对捷克施加压力,强迫捷克接受英、法的建议。1938 年 9 月 29 日,张伯伦第三次飞往德国,在慕尼黑与法国总理达拉第、意大利总理墨索里尼、德国元首希特勒举行会议,讨论捷克苏台德问题。30 日凌晨,四国签订了《关于捷克割让苏台德领土给德国的协定》,即《慕尼黑协定》,规定将捷克的苏台德区及捷克南部与奥地利接壤的地区割让给德国,捷克应于 10 月 1 ~ 10 日间从上述地区撤退完毕;

张伯伦(左一)与希特勒、墨索里尼在慕尼黑会议上

知识链接

英国首相温斯顿·丘吉尔曾说过:“《慕尼黑协定》是西方民主国家向纳粹武力威胁的“彻底投降”、“是英国未经战争而遭到的一次可耻的失败”。

上述地区的军事设施、工矿企业、运输工具等必须无偿地交给德国；在日耳曼人是否占居民多数尚不能确定的地区，应由英、法、德、意代表组成的国际委员会占领，举行公民投票，以确定其归属，并划定最后边界。

慕尼黑会议讨论的是捷克的苏台德问题，《慕尼黑协定》是要把捷克的领土割让给德国。但是，作为主要当事国捷克的代表却被四大国拒之门外，无权参加会议，更不要说有发言权了。捷克代表只是在会议结束后，才被带到会议大厅，被告知已经签订了协定，并对他们宣读，当捷克代表询问是否要由捷克政府对这一协定作一项答复或发表一个声明时，得到的答复是否定的。

《慕尼黑协定》是英、法对德推行绥靖政策的结果，是英、法以牺牲小国利益来换取德国的欢心，并企图将祸水东引，推动德国进攻苏联的最典型表现。它把英、法的绥靖政策推到了顶峰，但它并没有像张伯伦所说，带来了“我们时代的和平”，恰恰与之相反，它大大加速了世界大战的爆发，成为第二次世界大战——这个世纪性悲剧的“序幕”。协定使捷克丧失了几乎全国 1/5 的领土和 1/4 的居民，大大增强了法西斯德国的经济军事实力，提高了希特勒在国内的威望，巩固了他的统治地位。另一方面，也使希特勒认清了英、法一味对德绥靖妥协的软弱无能，刺激了德国对外侵略扩张的野心，加快了侵略步伐。1939 年 3 月，侵占苏台德不到半年，德国侵占了整个捷克。1939 年 9 月，在吞并捷克后不到半年，德国又突然袭击波兰，第二次世界大战爆发了。

82. 日本北上战略的流产

——鏖战诺门坎

“九·一八”事变之后，为了避免卷入中日冲突，苏联宣布在中日战争中保持中立。从 1931 年到 1933 年，苏联又连续三次提出与日本签订互不侵犯条约，但遭到日本的断然拒绝。中东铁路（指从中国满洲里到哈尔滨的铁路）是日苏之间又一个有争议的问题。从 1933 年到 1935 年，经过两年的讨价还价，日本最后同意以 1.7 亿日元收购由俄国建造的中东铁路。

1938 年 11 月，日军和伪满洲国军队在位于中、朝、苏三国交界处的张鼓峰向苏联军队阵地发起了进攻。开始，日、满军的进展还比较顺利，但不久，苏联军队经过短暂集结后开始发动攻势，并很快挫败了日、满军的进攻。日本被迫与苏联签订了停战协定。但日本并未放弃北上进攻苏联的北进战略。1939 年 5 月 11 日，日、满军在中蒙交接处的诺门坎地区（今哈勒欣河地区）对苏联和伪蒙古政权的军队发起了突然进攻。诺门坎战役打响。日、苏双方在长达 50～60 千米的战线上，动用了

诺门坎战役中据壕防守的蒙军步兵

飞机、大炮以及坦克等重型武器,展开了激烈的交锋。战争总共持续了 129 天,双方都付出了沉重的代价。苏联有 9 000 人在战斗中丧生,日本的伤亡则更大,共有 5.5 万名日本士兵伤亡,其中有一半左右在战斗中丧生。9 月 16 日,日本在付出了惨重的代价和取胜无望的情况下,被迫停战。

日本在张鼓峰和诺门坎两次战役的失败,《苏德互不侵犯条约》的签署,以及日本在远东地区与英、美关系的恶化,迫使日本开始考虑与苏联缓和紧张关系的可能性。1939 底,日本向苏联交付了购买中东铁路的最后一笔款项。随后,双方就外蒙与伪满洲国的边界问题,以及签订中立条约等问题展开了会谈。1940 年 6 月 9 日,日、苏双方就外蒙和伪满洲国的划界问题达成协议。次年 4 月 13 日,《日苏中立条约》最终签署。根据条约规定,当缔约国一方与其他一个或几个军事强国处于战争状态的时候,缔约的另一方应该严守中立。另外,在条约的附件中规定,"苏联尊重满洲的领土完整和不受侵犯"。这严重地伤害了中国人民的感情,充分暴露了在斯大林军事独裁统治下苏联外交政策的"两面派"做法和虚伪性。

张鼓峰和诺门坎战役是日本军国主义侵略扩张战略上的一个重要的转折点。此后,日本逐渐放弃了与德国合攻苏联的北进战略,转而推行逐鹿东亚和争夺太平洋霸权的南下战略。珍珠港事件就是这一战略的结果。

83. 同床异梦

——《苏德互不侵犯条约》的签订

第二次世界大战爆发之前和初期,英、法两国不遗余力地推行绥靖政策,妄图将法西斯的祸水引向苏联。尽管希特勒始终怀着消灭苏联的野心,但他也清楚地意识到当时的时机并不成熟。首先是因为苏联的力量日渐强大,德国不敢贸然发动战争;其次,希特勒为了避免重蹈第一次世界大战的覆辙,决定先西后东,即先对西方发动战争,后进攻苏联。

从 1939 年 6 月起,德国就通过各种渠道向苏联表示希望坐到谈判桌前,愿意同苏联缔结互不侵犯协议。而苏联此时正忙于与英、法的谈判,因此对德国的要求没有回应。但是随着苏、英、法三国谈判已陷绝境,苏联政府意识到自己在国际上已经处于孤立无援的地位。东边是蠢蠢欲动的日本,西边是狼子野心的德国,至于英、法的绥靖政策,其目的更是司马昭之心——路人皆知。面对这举步维艰的

签订《苏德互不侵犯条约》时的场景

环境,苏联只能暂时与德国达成协议,作为缓兵之计,为自己赢得时间,积蓄力量,为将来的战争做准备。

1939 年 8 月 19 日,苏德经济协定在柏林签字。8 月 23 日,德国外长里宾特洛甫抵达莫斯科,与斯大林、莫洛托夫开始了会谈。当晚,双方签订了为期十年的《苏德互不侵犯条约》。条约规定:缔约双方保证不单独或联合其他国家在彼此间进行任何武力行动、任何侵略行为或者任何攻击;如果缔约一方成为第三国敌对行为的对象时,另一方不向该第三国提供任何支持;缔约一方不加入直接或间接旨在反对另一方的任何国家集团。《苏德互不侵犯条约》还附有《秘密附约议定书》,它划分了两国在东欧的势力范围:在属于波罗的海国家的地区发生领土和政治变动时,立陶宛的北部疆界将成为德国和苏联势力范围的界限;属于波兰国家的地区如发生领土和政治变动时,德国和苏联的势力范围将大体以纳雷夫河、维斯杜拉河和桑河一线为界。

知识链接

王斯德认为《苏德互不侵犯条约》消极作用很大,理由是:“在一定程度上束缚了苏联的手脚,不利于充分利用帝国主义矛盾,联合一切可以联合的力量,推迟世界大战的爆发”。“模糊了苏联和世界人民的认识,不利于推动世界人民进行反法西斯斗争”。

《苏德互不侵犯条约》是在第二次世界大战即将全面爆发的特定历史条件下的产物。该条约的签订,使苏联挫败了英、法祸水东引、坐山观虎斗的阴谋,摆脱了东西两线作战的险境,赢得了1 年零 10 个月的战争准备时间,为即将到来的战争做好了充分准备。德国不仅避免了两线同时作战,而且使它先西后东,侵占北欧、西欧诸国以后,再以大半个欧洲的力量扑向苏联,从而使苏联在卫国战争初期遭受到严重损失。秘密议定书的签订则清楚地表明狭隘的国家利益和以强凌弱的旧历史传统在苏联对外关系中的抬头。《苏德互不侵犯条约》是两个国家在面临紧张的国际环境中的一种权宜之计，本身就具有极大的脆弱性。因此，一旦战争的条件成熟，这对同床异梦的盟友之间的信任就将变得不堪一击。1942 年 6 月 22 日，德国不宣而战，突袭苏联，正式宣告了《苏德互不侵犯条约》的终结。

84. 德国突袭波兰

——第二次世界大战爆发

法西斯德国吞并捷克后，又把侵略矛头指向波兰。征服波兰，一方面可以使德国在西方与英、法发生冲突时，避免两线作战的威胁，另一方面，如果进攻苏联，就必须以波兰作为进攻的前哨。另外，波兰的粮食和劳动力，对德国进行战争也是非常需要的。

《慕尼黑协定》签订后，英、法希望与德国达成和解。但德国的领土野心并未得到满足，又进一步占领捷克，并把矛头指向波兰。面对波兰危机和国内日益高涨的主张建立包括苏联在内的反德联盟的压力下，英国张伯伦政府企图联合波兰，组成东线，造成东西夹击之势，以“威慑德国”，使德国不敢西进。1939 年 4 月 6 日，英、波外长发表公报，声称双方准备着手制定一项永久性互惠协定，以代替英国对波兰之临时

知识链接

第二次世界大战直接原因是由于1929—1933年的资本主义经济危机的沉重打击，德意日法西斯为摆脱危机，转移国内人们的斗争视线，发动了第二次世界大战。

单方面协定。但英国在经济、军事上并未给波兰以实际援助。这只是英国对德国策略上的变化：一方面，英国公开以强硬的姿态警告德国，另一方面又暗地里甚至公开地继续推行绥靖政策。而且英、法一再拖延与苏联的谈判，在谈判中没有任何诚意，致使谈判最终破裂。英国的目的是让德国明白：英国不会无代价地葬送波兰，但如果德国愿意与英国合作，波兰不是不可以牺牲的。在这种情况下，德国对英、法的威慑并不害怕，1939 年 4 月 7 日，希特勒批准了侵占波兰的“白色方案”，命令部队必须作好准备，“能在 1939 年 9 月 1 日以后的任何时间内发动进攻”。

德国闪击波兰

1939 年 9 月 1 日，希特勒按照预定的“白色方案”的侵波计划，向波兰发动突然袭击。8 月 31 日晚，一群穿波兰军服的德国党卫队员“袭击”了德国一个边境城市的电台，并用波兰语做“反德”广播。在离开时，他们丢下了身穿波兰军服的德国囚犯的尸体，充做“侵略”的证据，以制造借口，混淆视听。希特勒以此为借口，宣称德国遭到侵略，随即下令以“武力对武力”，进行“反攻”。9 月 1 日凌晨 4 时 45 分，事先停在港口城市但泽（今格但斯克）进行“友好访问”的德国军舰，首先向但泽的波军基地开火，随后,德军以160万兵力,2000多架飞机,2800多辆坦克,分三路侵入波兰。在停止军事行动的要求遭到德国拒绝后,英、法迫于国内外舆论压力,不得不根据与波兰签订的条约,于9月3日对德宣战,第二次世界大战全面爆发。

85. 奇怪的战争

——西线无战事

1939年9月1日,德国向波兰发动突然袭击,9月3日,英、法对德宣战,第二次世界大战爆发。但是,英、法对德国是宣而不战,在德国西部边境的英法联军与德军隔壕相持,没有采取重大行动。据德国统帅部10月18日宣布,德军在西线的总损失是阵亡196人,受伤356人,失踪144人。在此期间法国被俘者有689人,而驻法英军到1939年12月9日才阵亡1人。从1939年9月3日英法对德宣战到1940年5月10日德国全面进攻法国,西线几乎都处于平静状态。英、法既不从经济、军事上援助和支持波兰,也不在西线发动攻势,以减轻波兰的军事压力,而是一味地躲在庞大的钢筋水泥工事中。于是西线出现了战争史上罕见的宣而不战的奇怪现象,被称为"静坐战争"或"奇怪的战争",成为世界军事史上绝无仅有的奇观。

其实,"奇怪的战争"并不奇怪,这与英、法长期以来推行的对内对外政策密切相关。英、法长期以来推行绥靖主义的外交政策,企图以牺牲弱小国家利益来避免德国进攻英、法,而且极力推动德国进攻苏联,企图将祸水东引。它们在外交上作了最好的、最乐观的估计,以致蒙蔽了自己的眼睛。在军事上,它们则作了最坏的、最悲观的估计,使之未战而已经气馁,而且也未做好与德国开战的充分准备。德国法西斯上台后,对内加强和巩固自己统治的同时,疯狂地扩军备战,纳粹德国的军费开支逐年增高,1933—1938 年间,已达 500 亿 ~ 600 亿帝国马克。1935 年德国公开撕毁《凡尔赛条约》,建立了一支由 36 个师组成的陆军。到 1939 年 9 月二战爆发前,德国陆军实际已经拥有 105 个师,约 270 万人,空军第一线飞机也已达到 4 320 架。与德国相比,英、法相形见绌。英、法的备战工作则晚得多,而且准备也不充分。1938 年英国军费只占国民生产总值的 7% ,而德国则占 17% ;1939 年,英国军费增至国民生产总值的 18% ,但仍低于德国的 23% 。

另外,英、法是迫于当时国内外压力,被迫对德宣战,没有进行充分的战争动员,不敢打也不想打,所以在宣战后仍然行动不力,采取了所谓的“奇怪战”、“静坐战”。实际上,在德国突袭波兰时,在德法边境与英法联军对抗的德军不过 23 个师,而英、法两国在法德边境的军队则达到 80 个师。德军统帅部长官凯特尔认为“假使法国军队发起进攻,他们所遇到的将是德国的一道军事纸屏,而不是真正的防御”。

英、法“奇怪的战争”不仅背叛了盟国波兰,坐视波兰的灭亡而不动,而且使德国又一次坐大,贻误了重创德军的良机,导致德国在攻占波兰,解除后顾之忧后,随即挥师西进。1940 年 4 月,希特勒侵犯中立的丹麦和挪威,5 月又进攻荷兰、比利时和卢森堡,从而宣告了英法绥靖政策的完全破产,英、法最终搬起石头砸了自己的脚。不久,法国总理达拉第和英国首相张伯伦被迫辞职,丘吉尔领导的英国保守党和工党组成联合内阁,从此结束了长达 8 个月之久的“静坐战争”局面。

86. 日本主宰东亚的企图

——“大东亚共荣圈”

“大东亚共荣圈”是二战期间日本以政治、经济和军事等手段在亚洲、澳大利亚、西南太平洋地区各国建立殖民统治的计划。

早在太平洋战争爆发之前，日本政府就提出了建立“大东亚新秩序”、“确立大东亚共荣圈”的主张。1938 年日本在近卫第二次和第三次声明中提出了“东亚新秩序”的范围，主要指中国东北和更广大的地区，目的在于排斥西方势力，独占中国。1940 年 6 月，德国进攻西欧，法国沦亡，英国本土也受到入侵的威胁，日本的侵略野心日益膨胀。7 月，第二届近卫内阁制订的《基本国策纲要》指出，在新形势下，“建立以皇国为中心，以日满华紧密结合为基础的大东亚新秩序”。8 月 1 日，外相松冈把“大东亚新秩序”称为“大东亚共荣圈”，声称日本要建立一个“以日满华的牢固结合为基础，包括南洋在内的大东亚新秩序”，“目前南洋的范围远至泰国，将来随着形势发展，还将逐渐扩大”。9 月，日本政府划定“大东亚共荣圈”的范围是：“以日满、支那为骨干，包括委任统治的原德属诸岛、法属印度支那及附属诸岛，泰国、英属马来、英属婆罗洲、荷属东印度、缅甸、澳大利亚、新西兰和印度”。

太平洋战争爆发后，日本将其“大东亚共荣”的主张付诸实施，并将这次战争称为“大东亚战争”。日本宣称进行“大东亚战争”和建立“大东亚共荣圈”的目的是“排斥英美暴政”，实现与东亚各国的“相互提携”、“同享共荣之乐”，企图掩盖其奴役亚洲各国、建立日本殖民大帝国的侵略扩张计划。实际上,“大东亚共荣圈”在经济上由日本垄断共荣圈内的丰富资源和广阔市场;在政治上以“共存共荣”为幌子,对亚洲各国建立殖民统治;在军事上通过占领南洋地区,利用其战略资源和基地,与英、美争夺远东霸权,从而建立日本法西斯全面统治的“新秩序”。

太平洋战争初期,日本的侵略扩张达到高峰,占领了中国部分领土及西起缅甸东至吉尔伯特群岛,北达阿留申群岛,南迄新几内亚、所罗门群岛的广大地区,初步建立了“大东亚共荣圈”的统治。1942 年 11 月,日本内阁设立了大东亚省,下设总务、满洲事务、中国事务和南方事务四局,负责统治大东亚殖民地。但在如此广大辽阔的土地上建立牢固统治是不可能的,它只是凭借武力和政治欺骗,建立和维持一个表面松散的“共荣圈”。

大东亚共荣圈是日本法西斯侵略扩张的产物,也是建立在对占领区的军事统治、政治欺骗和经济掠夺之上的。它没有也不可能长久地维持下去,随着日本法西斯于 1945 年的覆灭,大东亚共荣圈也就烟消云散了。

87. 英美与日本的秘密谈判

——“远东慕尼黑”

1937 年 7 月中日战争全面爆发后,面对日本咄咄逼人的攻势和中国在国联的控诉,英国张伯伦政府在 1938 年 9 月慕尼黑会议后,又企图故技重演,积极策划“远东慕尼黑阴谋”。早在此之前,英国驻日大使克莱琪与日本外相宇垣一成进行了两个月的谈判。

中日战争进入相持阶段后，日本改变对华方针，对南京国民政府实行以政治诱降为主、军事进攻为辅的政策，英、法、美等国由于欧洲紧张局势的牵制，无力东顾，遂与南京国民政府合谋策划太平洋国际会议，力求实现“远东慕尼黑”阴谋。从 1938 年冬至 1939 年春，英国驻华大使多次同蒋介石密谈，劝说国民党当局接受中日和谈的三项条件：放弃东北主权，中日在华北进行经济合作，取消一切反日活动。“所谓的太平洋会议就是东方慕尼黑，就是准备把中国变成捷克”。但由于中国人民的反对和英、美与日本之间的矛盾，此次“远东慕尼黑”阴谋没有得逞。

1940 年德、意、日三国同盟确立后，日本名义上有了对付英、美称霸远东的同伙和支柱。实际上，其内政和外交日益陷入僵局。在国内，财政吃紧。在国际上，欧洲战局和中国战线的形势都陷入了对峙状态；美国的经济制裁沉重打击了日本，使日本的主要战略物资的进口受到限制。为了摆脱这种不利局面，日本迫切要求调整对美关系。美国方面，扩军备战刚刚开始，国内孤立主义盛行以及先欧后亚、大西洋第一的战略考虑，都需要罗斯福政府暂时稳定对日关系，拖延日本武力南进，力争不与日本开战，其具体手段是以谈判为主，辅以必要的经济制裁。这样日、美双方日益接近，悄悄拉开了谈判的帷幕，在谈判中美国隐瞒中国，以中国为筹码与日本讨价还价，企图以牺牲中国利益来换取日本让步。

知识链接

远东慕尼黑阴谋是日本侵华时期英美等国在东方策划对日绥靖，牺牲中国的国际阴谋。因袭用牺牲捷克斯洛伐克的慕尼黑会议方式，史称远东慕尼黑。

促成远东慕尼黑危机的主要因素是：英、美的东方绥靖政策，德国、意大利一度进行的劝和调停，日本的诱降和中国国民党当局的妥协。

1941年3~12月,日、美进行了为期9个月50多次的谈判。谈判可以分为三个阶段:第一阶段从1941年3月8日~7月24日,日、美双方相互摸底,讨价还价,在谈判中大搞牺牲中国的"远东慕尼黑"阴谋。如在1941年3月底达成的《日美谅解方案》中,就中国问题提出,"中国领土的地理定义由中日相互协商而定",要求美国"承认满洲国",由罗斯福"请蒋介石与日本会谈"。1941年8月,美国禁止向日本出口石油,近卫内阁决定于8月7日重新与美国谈判,即谈判的第二阶段,从8月7日~10月2日。正是在这一时期,日美间的"远东慕尼黑"阴谋达到了高潮。9月22日,日本向美国提出了《日中和平基本条件》:"承认满洲国","蒋介石政权与汪精卫政权合并","在中国进行以重要国防物资的开发利用为主的中日经济合作"等。第三阶段从10月18日~12月7日。日本东条英机上台,内阁中强硬派居于主导地位,日本利用谈判作为掩护,积极备战,偷袭美国海军基地珍珠港。也正是随着太平洋战争爆发和美国对日宣战,"远东慕尼黑"阴谋才未能得逞。

88. 德国空袭英伦三岛

——"海狮计划"

"二战"初期,英、法对德国的绥靖政策,并没有换来自身的安全。1940年7月,法国沦陷,紧接着德国空军封锁了英吉利海峡,英伦三岛与大陆的联系被完全隔断,战争的乌云开始在英伦三岛的上空聚集。盎格鲁——撒克逊民族到了生死存亡的关键时刻,英国历史进入了"黑暗的岁月"。

希特勒并没有在打败法国之后立即向英国发动攻势。相反，他向英国提出了所谓的“和谈”要求，希望通过和平攻势，使英国屈服。1940 年 6 月，希特勒通过媒体对英国透露了和谈的意图。7 月初，他又通过外交途径进行了一系列和平试探，并请教皇出面斡旋。但由于希特勒的侵略行径早已引起全世界人民的愤慨，在英国国内，反和谈的浪潮也在日益高涨。以丘吉尔为首的英国政府，在权衡利弊之后，拒绝了德国的和谈要求，战争一触即发。

“海狮计划”一出笼，德国空军司令戈林就率领部属来到英吉利海峡

1940 年 7 月 16 日，希特勒签署了关于制定入侵英国的“海狮计划”第 16 号指令，指出鉴于英国毫无妥协的表示，决定对英国进行登陆作战。他认为，入侵英国必须要横渡英吉利海峡，德国海军不如英国，但空军却强于英国，因此只有取得制空权，把英国海军赶出海峡，德军才有登陆的可能。8 月 1 日，希特勒下达第 17 号指令，要求德国空军倾其全力击败英国空军，并于 8 月 5 日起加强对英国的空战。于是争夺制空权的空战就成了当时英、德双方作战的重点。

从 7 月 10 日起，德国就集结了大约 2 400 架作战机，开始连续不断地大规模空袭英国的机场、地面设施、雷达站和海军舰艇，“不列颠之战”揭开了序幕。尽管英国在经历敦刻尔克大撤退后实力与德军对比悬殊，国内只剩下不到 700 架战斗机，但由于英国军民同仇敌忾，众志成城，德国在最初的“空中闪电战”中并未取得任何优势。

8月15日开始，德国出动了1 786架飞机，对英国开始了第二阶段的进攻。英国出动了974架飞机迎战。实力上的优势并没给德国人带来胜利，相反他们得到的是两倍于英国的损失。8月24日晚，英国的81架轰炸机空袭了柏林，无论是在精神上还是物质上，都给了德国以沉重的打击。

德国人开始意识到他们在短期内不容易得到全面制空权，于是从9月3日起，转而对伦敦等城市开始了不分昼夜的狂轰滥炸，企图借此逼英就范。从9月初到11月初的57个夜晚，伦敦平均每晚遭受200架德机的袭击，受到空前的破坏，许多工厂、公路、码头被炸毁，交通中断，无辜居民死伤无数。其他大城市，如伯明翰、利物浦和曼彻斯特等，也遭受了与伦敦同样的命运。但是，英国人民并没因此而屈服，他们奋起反抗，坚决斗争，给法西斯德国以沉重打击。1941年，随着德国主力东移，苏、德战争迫在眉睫，德国空军对英国的空袭规模越来越小。1941年5月11日，德国空军进行了最后一次空袭。“不列颠之战”以德国的失败而告终。“海狮计划”未能实现。

89. 放弃中立

——美国实施《租借法案》

1935 年 8 月 31 日，由于孤立主义势力的强大压力，美国国会通过了《中立法》，希望借此可以摆脱步步临近的战争。但是随着西线战事的扩大，美国人开始意识到，战争的到来是不可避免的，中立只能坐以待毙。1939 年 11 月，罗斯福签署了国会通过的新《中立法》，废除了不得把军火输往交战国的禁令，扩大了"现款自运"的原则，即在交付现款并悬挂本国旗帜的本国船只运送所购物资的条件下，允许购买美国武器和军用物资。根据这一法案，美国将第一次世界大战期间储存的武器送往英国。1940 年 7 月，英国首相丘吉尔写信给罗斯福，要求美国将旧驱逐舰转让给英国，丘吉尔在信中说"我们如能获得 30 艘到 40 艘旧驱逐舰，其重要性将超过一切"。信中还向罗斯福提出德国攫取欧洲霸权对美的利害关系。9 月初，英美达成协议，美国向英国转让 50 艘旧军舰，英国则把纽芬兰、百慕大群岛、牙买加、安拉瓜、圣卢西亚、特立尼达等 8 个海

1942 年宋子文代表中华民国与美国签署了两国的租借法案

空军基地借给美国,期限为99年。罗斯福宣布,军火一出厂就大致按各占一半之数分给美国和英国军队。4个月内,美国给英国近100万支步枪、25万支左轮枪和859门大炮。

1940年12月8日,丘吉尔写给罗斯福一封长信,叙述了英国在财政上的困难,拿不出钱来购买所需武器,要求美国给予全面援助,并深信美国"一定能找到将来为大西洋西岸的子孙后代赞扬的途径和方法来"。29日,罗斯福在"炉边谈话"中指出,美国"必须成为民主国家的大兵工厂"。他说:"如果英国倒下去,到时候,我们所有的人就将生活在德国的威胁之下了。"1941年1月6日,罗斯福正式向国会提出《租借法案》,经过激烈辩论,于3月11日通过。该法案全文共11条,主要内容是授权美国总统在战时可向任何对于美国的国防具有极端重要意义的国家提供物资,包括借贷或出租武器、弹药、战略原料、粮食及其他各种物资,战后进行清账。法案有效期至1943年6月30日(后又延长到1945年8月)。根据《租借法案》,1941年所给予英国的军火即达70亿美元。丘吉尔写信给罗斯福说:"谨以整个英帝国的名义感谢你在困难的时刻所给予的这种非常宝贵的援助。"为了保证《租借法案》的实施,罗斯福宣布采取海军巡逻护航的措施。罗斯福下令,在中立区的美国海军可以摧毁"西大西洋的海军"。

二战期间,美国先后与33个国家以双边形式订立了租借协定。至大战结束,美国共向盟国提供了价值471亿美元的租借援助。其中军火和石油占50%,工业设备占20%,其余为军需品和粮食。另外,美国从外国取得了价值170亿美元的原料及驻外美军所需的军需品。

《租借法案》的实施,使罗斯福政府摆脱了中立政策的束缚,是把美国引向国际合作和直接参加反法西斯战争的决定性的一步。

90. 稳固东线

——《苏日中立条约》的签订

所谓北进，是指日本通过中国向西伯利亚扩张；所谓南进，是指日本通过中国向南洋一带扩张。1939 年 8 月的诺门坎事件，给日本向苏联远东地区的进犯以沉重打击。其后日本与美国在太平洋地区矛盾日益尖锐。在新的形势下，日本战略重点开始转向南方，“北守南进”论逐渐占据主导地位，成为日本的基本国策。

为了适应南进政策，日本国内以首相近卫文为首的统治者积极效仿德国，建立了一套所谓的“南进体制”。一方面在国内强化法西斯体制，另一方面在国际上大搞外交攻势，尽量减少或完全防止同苏联发生正面冲突。

知识链接

《苏日中立条约》是第二次世界大战期间，苏联与日本于1941年4月13日签订的在战争中相互保证中立的条约。条约是在苏联为了避免东西两线作战、日本减少北方压力而实施南进战略的背景下，以牺牲中国的国家利益为前提签订的。条约共4条，主要内容是：双方保证维护两国间的和平友好关系，相互尊重领土完整和不可侵犯；如缔约一方成为第三者的一国或几国的战争对象时，另一方在整个冲突过程中保持中立。

改善同苏联的关系，是日本南进体制的重点之一。其目的，一是为了解决南进的后顾之忧，二是限制苏联对其他国家的援助，减轻日本的进攻压力。因此，早在 1940 年法国投降后，日本就积极改善同苏联的关系。1940 年 7 月，日本政府通过驻苏联大使东乡茂德向苏联表示了日本政府示好的意愿。苏联虽然对日本存有戒心,但出于保证远东安全方面的考虑,同意与日本签订中立条约草案。德、意、日三国同盟成立后,10 月 3 日,日本外务省制订了《调整日苏邦交纲要草案》,要求与苏联缔结互不侵犯条约。根据日本政府制定的草案,日本将承认外蒙古、中国新疆、中近东地区为苏联的势力范围,并要求苏联承认中国内蒙古、华北及东南亚为日本的势力范围。日本企图通过《调整日苏邦交纲要草案》将苏联拉入三国同盟,成立德、意、日、苏四国同盟。

1941 年 3 月至 4 月间,国际形势发生了急剧变化,德国入侵苏联迫在眉睫,为了避免东西两线作战,苏联对日本采取进一步缓和与妥协的政策。1941 年 4 月 13 日,日、苏双方代表在莫斯科缔结了《日苏中立条约》,规定日苏两国维护友好关系,互不侵犯领土,当缔约国一方遭到一个或几个第三国军事攻击时,另一方保持中立。条约自缔约双方批准之日起生效,有效期 5 年,在期满前一年倘缔约国双方均未宣告废弃,则有效期自动延长 5 年。双方还互相承认对方的势力范围,日本保证不侵犯蒙古人民共和国领土,苏联也承诺不侵犯伪“满洲国”的领土。

《日苏中立条约》的签订,消除了日本南进的后顾之忧,日本不再顾及北方的威胁,开始肆无忌惮地向南扩张。1940 年 7 月 24 日,日本占领印度支那南部,作为南进的桥头堡。战场在进一步扩大,战火也在进一步蔓延。条约的签订使苏联避免了东西两线作战的危险,苏联可以抽调更多的兵力,集中对付希特勒德国的扩张。至于苏联承认日本在伪满洲国的利益,则表现了大国沙文主义和民族利己主义倾向,这对正在进行抗日战争的中国人民来说是一种间接打击。

91. 世界反法西斯统一战线的初步形成

——《大西洋宪章》

随着法西斯侵略的日益扩大，各个被侵略的国家要求联合的愿望也逐渐高涨。虽然在欧洲战争爆发前，苏联曾经倡议过实行“集体安全”政策，但由于英、法、美推行绥靖政策而未得到采纳。法国战败投降和德国对英国的大规模进攻，使英、美等国家意识到反法西斯侵略、保卫世界和平的重要性和迫切性。苏德战争爆发后，苏联的武装力量成为欧洲战场抗击德国法西斯的主力军，大大减轻了英国面临的压力和危险，英、美等国才真正意识到仅靠自己的力量是难与德、意、日法西斯国家抗衡的，联合对敌成为大势所趋。

联合对敌的第一步是同苏联合作。1941 年 6 月 27 日，英国的战时内阁成员比弗布鲁克在和苏联驻英国大使的谈话中，明确表示了英国愿意配合苏联在东线的反攻。7 月初，英国驻苏联大使开始直接和斯大林接触。7 月 12 日，双方签订了《在对德作战中一致行动的协定》。规定，在反法西斯的战争中，两国将彼此给予各种支援，非经过对方同意，一方不单独与作战方谈判或签订停战协定。该条约的签订，使苏联和英国的关系发生了重大的变化。对于世界反法西斯统一战线的初步形成具有重大的意义。

继英国之后，美国在与苏联合作的问题上，也采取了积极主动的态度。尽管美国国内有许多人反对同苏联合作，他们认为苏联的失败是不可避免的，但是罗斯福总统并未动摇。1941 年 6 月 28

日，罗斯福总统的私人顾问霍普金斯到达莫斯科，代表罗斯福总统同斯大林进行了会晤。他在给罗斯福总统的报告中说：苏联士气特别旺盛，对胜利充满了坚定的信心。

英、美联合是联合对敌的基础。1941 年 8 月初，罗斯福和丘吉尔在北大西洋纽芬兰附近秘密举行了第二次世界大战爆发以来的第一次两国首脑会谈。1941 年 8 月 14 日，发表了《罗斯福丘吉尔联合宣言》，亦称《大西洋宪章》。其中宣布了抗击法西斯国家侵略和实现战后和平的八项原则：不追求领土和其他方面的扩张；反对不符合人民自由愿望的领土变更；尊重各国人民主权；促进各国间经济合作；保障国际和平与安全；放弃使用武力和解除侵略者武装等。

丘吉尔、罗斯福及其代表团成员在战舰上合影

《大西洋宪章》中也包含了美、英尖锐的矛盾与斗争。罗斯福利用当时英国处于危险境地的时机，把美国长期以来主张的“海上自由”、“机会均等”等要求写进了《大西洋宪章》，力求排挤自己的劲敌英国。丘吉尔对此十分恼怒。他曾愤怒地说：“我出任首相并不是为了主持大英帝国的葬礼的。”

《大西洋宪章》的出台也是第二次世界大战期间民族解放浪潮高涨的结果，它反映了各国人民要求联合起来，共同反对纳粹暴政的愿望和决心，与世界反法西斯国家和人民的根本利益是一致的。因而在出台后不久，苏联、比利时、捷克斯洛伐克、希腊等国家也加入并签署了《大西洋宪章》，为世界反法西斯统一战线的初步形成奠定了基础。同时，它也是世界各国与法西斯国家作战的共同纲领，并为后来《联合国宪章》的制订打下了基础。

92. 国际反法西斯统一战线的建立

——《联合国家宣言》

1939 年 9 月 10 日，德国进攻波兰，二战爆发。德国在大约 10 个月内先后占领了丹麦、挪威、荷兰、比利时、卢森堡，灭亡了法国，并开始对英国进行大规模的空袭，使英国面临着十分困难而危险的局面。1941 年 6 月 22 日，德国对苏联发动大规模突然袭击，把战争扩大到整个欧洲。同时，德国、意大利、日本等法西斯国家还加快了相互勾结的步伐。1941 年 11 月 25 日，德国、意大利、日本、西班牙法西斯国家的政府代表在柏林签署了《延长反共产国际协定的议定书》，旨在“紧密合作，共同对付敌人”。形势的发展要求所有遭受侵略和爱好和平的民主国家联合起来，共同抗击法西斯侵略。因此，加快建立国际反法西斯统一战线成

知识链接

1942年1月1日 中、苏、美、英等26国在华盛顿发表《联合国家共同宣言》，亦《联合国国家宣言》，又称《二十六国宣言》。宣言表示赞成《大西洋宪章》，并决心共同战败德、日、意的法西斯侵略，不到侵略国无条件投降，决不和敌国单独议和。

为摆在各国爱好和平的人民面前的首要任务。

1941 年 12 月 16 日至 17 日，英国外交大臣艾登访问苏联，同斯大林、莫洛托夫就建立战时军事同盟问题进行了会谈。1941 年 12 月 22 日至 1942 年 1 月 14 日，美、英两国首脑举行了代号为“阿卡迪亚”的会议，会议主要商定了美、英在欧洲共同作战的战略计划。此外，在这一时期，英、美、苏也在积极磋商，共同起草了一份同法西斯轴心集团相对抗的各国宣言草案。

1942 年 1 月 1 日，美国、英国、苏联、中国、澳大利亚、比利时、加拿大、哥斯达黎加、古巴、捷克斯洛伐克、多米尼亚、萨尔瓦多、希腊、危地马拉、海地、洪都拉斯、印度、卢森堡、荷兰、新西兰、尼加拉瓜、挪威、巴拿马、波兰、南非联邦和南斯拉夫共 26 个国家的代表，在华盛顿举行会议，签署了《联合国家宣言》，又称《二十六国华盛顿宣言》。宣言规定，各签字国政府保证运用本国全部军事与经济资源，打败法西斯轴心国及其附属国；各国相互援助，不与法西斯国家合作；不单独与敌国缔结停战协定或和约。

《联合国家宣言》的发表，标志着国际反法西斯统一战线经过战争的洗礼终于形成。该统一战线在人口、资源、生产能力、团结互助等方面都远胜于德、意、日集团。更为重要的是，该统一战线进行的是反侵略的正义战争，人心所向，为以后战胜法西斯奠定了坚实的基础。尽管参加《联合国家宣言》的国家在社会制度和参加战争的根本目的上有所不同，种族、肤色、信仰各异，但各国政府和人民在打败法西斯的共同目标和旗帜的感召下，终于从政治、经济和军事方面实现了空前的联合，直到战争取得最后的胜利；《联合国家宣言》为“联合国”的成立奠定了基础。中国人民在此之前，坚持抗日战争长达 4 年半之久，为世界反法西斯事业作出的卓越贡献也得到了国际社会的认可与尊重。因此，中国同苏联、美国和英国共同成为国际反法西斯统一战线的核心。

1942年5月,苏联和英国在伦敦签订了为期20年的互助条约,该条约旨在进一步加强反法西斯集团和战后合作。6月,美国和苏联在华盛顿签订了《美苏租借协定》,明确了在反侵略战争中实行互助的诸原则。这些条约或协定,更进一步加强了国际反法西斯联盟内各国之间的相互支持、相互援助,进一步巩固了国际反法西斯统一战线的基础。

93. 战时秘密会议

——卡萨布兰卡会议

提起摩洛哥的卡萨布兰卡,首先映入我们脑海的是一段缠绵悱恻的爱情故事和一首荡气回肠的经典歌曲。而在1943年1月14日~23日,罗斯福和丘吉尔在卡萨布兰卡举行了一次非常重要的秘密会议。

卡萨布兰卡会议是盟军在北非登陆后召开的。根据1942年6月莫洛托夫访问伦敦、华盛顿后苏美英发表的联合公报,美、英应于1942年在欧洲开辟第二战场,以减轻苏联的军事压力。但是,丘吉尔却认为1942年在欧洲开辟第二战场的条件并不成熟,因此,他拟订了一个在法属北非作战的"体育家计划"。罗斯福也被该计划所吸引,为了鼓舞士气,罗斯福还倡议将该计划更名为"火炬"作战计划。1942年11月8日,近11万英美联军在北非从阿尔及尔、奥兰和卡萨布兰卡三个地点同时登陆,盟军登陆后,取得了重大的胜利,德、意法西斯遭受了沉重的打击,法国的傀儡政府维希政府也一蹶不振。为了稳定北非的政治局势、扩大盟军在北非的影响和制订盟军下一步的军事行动计划,于是召开了卡萨布兰卡会议。

卡萨布兰卡会议合影：罗斯福(左2)、丘吉尔(左4)、戴高乐(左3)、吉罗(左1)

这次会议首先讨论了在北非成立法国政权的问题。美国和英国从各自的利益出发，引发了激烈的争论。美国极力推崇法属北非殖民地军政长官亨利·吉罗，而英国则看好戴高乐。最终双方达成了妥协，由吉罗和戴高乐共同组织法国政府临时机构。1943年1月22日，戴高乐从伦敦来到卡萨布兰卡参加会议。1月26日发表了联合公报。6月，由吉罗和戴高乐共同担任主席的“法国民族解放运动委员会”成立。

吉罗是法国政府的一位军人，戴高乐是法国抵抗派领袖，彼此间有着尖锐的矛盾。在法国山河破碎的时候，戴高乐高举反法西斯旗帜，领导“自由法国”英勇作战，捍卫了法兰西民族的尊严，得到国内各派力量的支持。无论是在国内还是在北非，甚至包括法国的殖民地，拥戴戴高乐的人越来越多。因此，尽管在英国和美国的共同作用下，吉罗和戴高乐暂时达成合作，但权力的斗争仍然不可避免地以吉罗的失败而收场。吉罗被迫辞职，从此退居摩洛哥。由于美国不支持戴高乐，也就为后来美国政府与戴高乐政府的交恶埋下伏笔。

卡萨布兰卡会议还讨论了开辟第二战场和土耳其的问题。最初英、美两国各怀心计，不能达成一致。在经过反复的争论以后，最终形成了一个折中方案，即对意大利半岛采取军事行动，首先占领地中海的意大利岛屿,并在西西里岛登陆。会议还决定把横渡英吉利海峡,在法国北部登陆,开辟欧洲第二战场的计划推迟到1944年执行,以敦促轴心国的无条件投降。在一次记者招待会上,罗斯福首次提出了“要日本无条件投降”的原则。

卡萨布兰卡会议的召开,是北非和地中海地区形势扭转的结果。会议明确了盟军的下一步作战计划,初步勾勒出北非政治版图的轮廓,明确了战后法国的政权归属,加速了德、意法西斯的危机,为反法西斯战争的胜利作出了重要的贡献。

94.大国巨头会商

——两次魁北克会议

1943年7月10日,英美联军在西西里岛登陆,作战行动进展顺利。7月25日,意大利发生政变,墨索里尼下台。丘吉尔认为这是大好时机,应该在意大利扩大战果,继而向巴尔干进军。为此,他不惜再次拖延第二战场的开辟,遭到罗斯福和美国政府的反对。为了解决美、英之间的分歧,研究地中海战区今后军事行动和加速在法国北部登陆的“霸王”战役的准备工作。1943年8月14日至24日,英、美两国首脑罗斯福和丘吉尔在加拿大的魁北克举行了代号为“四分仪”的第一次魁北克会议。两国的一些高级军政官员也出席了会议,中国外长宋子文以观察员身份参加了会议。

美国领导人认识到:苏联在库尔斯克战役中再次获得全胜,完全掌握了苏德战场的战略主导权;即使没有第二战场,德败苏胜已成定局,而在战后的欧洲,若没有美国的支持,英国无力与苏联的

第一次魁北克会议期间,罗斯福(前排左1)、丘吉尔(后排右1)与迪尔等人的合影

巨大军事力量相抗衡;况且,为了维护战后世界的和平与稳定,美国必须保持与苏联的友好关系。此外,最重要的一点是,在太平洋战场,虽然美军占有战略主动权并开始反攻,但日军顽强抵抗,美军伤亡甚大。只有争取苏联参加对日作战,美国在远东战场才能以更少的人力和物力来结束这场厮杀。丘吉尔的巴尔干方案只会推迟第二战场的开辟和进一步激怒斯大林,这与美国的战略和利益相矛盾。由于英国在许多方面依赖美国,因此不得不作出让步。经过协商,英、美达成协议:对德国进行联合空袭,作为实施“霸王”作战计划的先决条件;实施“霸王”战役(即在法国北部登陆开辟第二战场)将是美、英对欧洲轴心国从陆上和空中发动的一次主要进攻(进攻日期为1944年5月1日);现有的人力和物力将根据主要目标的实现,即保证“霸王”战役的胜利加以分配;制定向法国南部发动辅助性攻击的“铁砧”计划,以配合“霸王”战役;对巴尔干的行动,只限于小部分的登陆骚扰和对重要战略目标进行轰炸。会议还讨论了盟国在亚洲对日作战问题,批准了美军夺取吉尔伯特群岛和马绍尔群岛以便突进中太平洋的作战计划,并决定在缅甸重新发动攻势,以打通滇缅公路,准备在对德战争胜利后的一年内击败日本。这次会议关于第二战场的协议,对第二次世界大战的总进程具有重大意义,为德黑兰会议的召开打下了坚实的基础。

1944年9月11日~16日举行了代号为“八边形”的第二次魁北克会议,出席会议的除罗斯福、丘吉尔外,还有美国财政部长摩根索、英国外交大臣艾登及两国高级军事参谋人员。会议的中心议题有两个:军事问题和战后问题。军事问题主要研究了对德军事行动计划和对日战略。会议决定,双方进一步加强欧洲战场的协同合作,继续扩大第二战场的战果,为了使敌人在西线战场遭到失败,最好是突击鲁尔和萨尔,以期插入德国的心脏。会议还决定,对德战争一旦结束,英、美就把在欧洲的主要人力和物力调来进攻日本,英国应充分使用皇家空军,并把舰队的主力用在太平洋对日作战,同时英国的地面部队应继续进行缅甸战役;在收复缅甸后,继续收复马来西亚和新加坡。双方商定,在远东和太平洋不建立统一的指挥部。战后问题主要是研究分区占领德国和德国的前途问题,会议决定,把德国分为三个占领区:东部为苏占区,西北部为英占区,西南部为美占区。柏林为苏、美、英三国共管。关于德国前途的讨论,以美国财政部长摩根索的方案为基础,决定撤除德国鲁尔、萨尔的全部工业设施,把德国变为农田和牧场之国,防止德国再次发动战争。会后,该计划由于遭到美国国内的反对和英国重新提出不同意见而被放弃。但这次会议毕竟协调了美、英两国的军事战略关系,有利于最后战胜德、日法西斯。

95. 德黑兰会议“预备会”

——莫斯科外长会议

1943 年是第二次世界大战根本转折的一年。苏联继斯大林格勒战役之后,又于 7 月至 8 月间取得了库尔斯克大捷,苏军已处于全面战略反攻阶段的前夕;英美联军在北非战役胜利结束后,7 月

10 日又在西西里岛登陆，墨索里尼于 25 日倒台，法西斯轴心开始瓦解；日军在太平洋战场开始逐步退缩，已完全丧失战争主动权。世界反法西斯战争的胜利已成定局。为协调盟国之间的作战计划，并商讨战后世界和平问题，1943 年 8 月 19 日，罗斯福和丘吉尔联名打电报给斯大林，建议举行三国首脑会晤，8 月 24 日，斯大林表示可先举行三国外长会议，以便为首脑会议进行“实际筹备”。10 月19 日~30 日，三国外长会议在莫斯科举行，苏联外长莫洛托夫、美国国务卿赫尔、英国外交大臣艾登出席会议。

会议讨论的问题主要有：第一，缩短战争时间问题。苏联希望英、美两国尽快在西欧开辟第二战场，以迫使德国两线作战，加速其灭亡。英、美向苏联保证，进攻法国北部的计划将在 1944 年春实行，并介绍了正在进行的各种准备工作，但未确定具体日期。第二，建立战后安全制度的《普遍安全宣言》问题。该文件由美国起草，旨在为盟国间的战后合作奠定基础。美国指出，鉴于中国已经在世界范围内作为四大国之一进行战争，中国应同美国、苏联、英国一起作为宣言的共同发起人，提议得到苏联、美国和英国外长的认可。于是中国代表应邀与苏联、美国和英国三国外长一起在《普遍安全宣言》上签了字。第三，建立盟国之间就与战争有关问题进行磋商的机构。经英国提议，三国外长同意建立一个欧洲咨询委员会，以“研究与结束战争有关的欧洲问题”。会议通过了一个“公报”和四项“宣言”。“公报”指出，苏联、美国和英国三国政府保证，在战争结束后，仍将继续进行紧密协作。四项宣言中最重要的是《中苏美英四国关于普遍安全的宣言》。声明四国将联合行动把战争进行到底,并将在今后为缔造并维护国际和平与安全继续合作。四国认为,有必要尽快根据一切爱好和平国家主权平等的原则,建立一个普遍性的国际组织。其他三项宣言是:《关于意大利的宣言》、《关于奥地利的宣言》和《关于德国暴行的宣言》,提出一些重要原则:在意大利要彻底消灭法西斯主义及其一些邪恶影响,审判主要法西斯分子和战争罪犯,建立以民主原则为基础的政府;奥地利作为希特勒侵略受害者的第一个自由国家,应从德国统治下解放出来,重建一个独立与自由的奥地利;希特勒德国军队曾在许多国家犯下大量冷酷无情的暴行,凡对此负有责任的德国军官、士兵和纳粹党徒将被解回到他们所犯下可恶罪行的国家,由各国人民依照法律审判惩处。

96. 中美英首脑会晤

——开罗会议与《开罗宣言》

1943 年是第二次世界大战的转折之年。在苏联、北非、地中海和太平洋等各个战场上,反法西斯联盟都扭转了战局。攻占西西里岛和意大利的投降,充分显示了同盟国已经完全掌握了战争的主动权。此外,中国人民在长期抗击日本帝国主义侵略战争中作出了杰出的贡献,以自己的英勇行为赢得了世界各国人民的认可与尊重,因而在亚洲和世界反法西斯同盟中占据了重要的地位。在这种形势下，为在军事和政治上协调行动，罗斯福和丘吉尔邀请了蒋介石为首的国民政府代表到开罗，讨论制定联合对日作战计划和解决远东问题。1943 年 11 月 22 日 ~26 日，由中、美、英三国首脑参加的会议在开罗召开。

会议着重讨论了三国联合对日作战的计划。自从日本入侵缅甸之后，中国与盟国几乎被完全隔绝了，惟一的交通线就是从阿萨姆基地飞越群山连绵的“驼峰”到昆明、重庆的空运线，这严重地影响了盟国对中国的物资援助，增加了抗日战争的困难。因此，打通滇缅路，增加对华援助，使中国战区发挥更大的作用，以减轻盟国尤其是美国在太平洋战场的压力和牺牲，迅速击败日本，成了中、美、英等盟国亟待解决的问题。会议决定在滇缅路发动对日作战。

会议还决定在日本战败后，日本自 1931 年以来窃取的一切领土，包括大战爆发前它长期霸占的中国台湾、澎湖列岛、朝鲜以及太平洋中部的德属岛屿均属无效，并规定把满洲、台湾、澎湖列岛等归还中国，允许朝鲜自由独立。这些基本原则和主要内容符合中国人民和世界人民的要求，也是确定日本侵略罪行及战后处理日本问题的重要国际文件之一。中国政府还提出了香港问

蒋介石(左一)、罗斯福(左二)、丘吉尔(左三)在开罗会议上的合影

题,要求把香港归还中国,维护中国的主权和独立。罗斯福为了扩大美国对中国的影响,在战后与中国保持良好关系,支持中国政府的要求,同时主张把香港变成自由港,但丘吉尔为了维护所谓英帝国的利益,表示决不放弃香港、新加坡等地的利益,拒绝了把香港归还给中国的正当要求。中国、美国和英国还签订了《开罗宣言》。由于苏联政府尚未在远东参加对日作战,故未参加会议。《开罗宣言》被带到了德黑兰,征得斯大林同意后于 1943 年 12 月 1 日公开发表。在《开罗宣言》中,中、美、英三国表示愿意团结一致,继续战斗,决心把战争进行到日本无条件投降为止。

开罗会议的召开和《开罗宣言》的公开发表,勾画出对日作战的宏伟蓝图,为盟军指明了作战的方向,对反法西斯同盟的下一步行动和战后重建工作的安排起到了至关重要的作用。其中对于日本所占领的中国领土归属问题的规定,符合中国人民的根本利益,得到了世界各国人民的支持和拥护,这也是中国人民顽强拼搏、坚持抗战的结果。

知识链接

《开罗宣言》是确定日本侵略罪行及战后处理日本问题的重要国际文件。

97. 战时三巨头第一次相会

——德黑兰会议与第二战场的开辟

1943 年 11 月28 日~12 月1 日，罗斯福、丘吉尔同斯大林在伊朗首都德黑兰举行会议，这是苏、美、英三国政府首脑自第二次世界大战爆发以来第一次举行的国际会晤。参加这次会议的还有三国外长和军事、政治顾问。

（前排左起）斯大林、罗斯福、丘吉尔在德黑兰会议期间合影

会议所要解决的首要问题是加速击败德国法西斯，早日结束战争问题。其中最重要的是开辟欧洲第二战场的问题。这一问题早在苏德战争爆发后第二年斯大林就已向盟国提出，但一直拖延未能实现。在这次会议上由于斯大林的力争，最后达成协议，确定在 1944 年 5 月盟军渡海攻入法国。美、英承诺在西欧登陆作战的兵力将达到 100 万人。苏联也表示，苏军将在同一时间发动攻势，以阻止德军由东线调往西线。会议还商讨了如何处置德国的问题。罗斯福提出的方案要把德国分成五部分：普鲁士，汉诺威和德国西北部地区，萨克森和莱比锡地区，黑森—达姆斯达特、黑森—卡塞尔以及莱茵河以南地

区，巴伐利亚、巴登和符腾堡地区。这五部分中的每一部分都成为一个自治州。此外，基尔运河区和汉堡地区、鲁尔和萨尔地区也要从德国分割出来，置于联合国的管辖之下。美国的这种做法是为了削弱德国的力量，使德国再也无力威胁欧洲和世界和平。罗斯福的主张得到了丘吉尔的赞同。斯大林考虑到把德国分裂成许多部分，容易落入英、美的势力范围，处于英、美的控制之下，因此表现出相当谨慎的态度。

在这次会议上，斯大林还向英、美表示了苏联准备对日作战的态度。斯大林宣称：一旦打垮德国之后，只要给苏联一些时间，把军队调往远东，苏联将立即参加对日作战。但斯大林以获取中国的旅顺和大连不冻港以及其他要求作为出兵条件，罗斯福背着中国暗示可以做到。此外，三方还就波兰疆界的变迁、乌克兰和白俄罗斯的归属问题交换了意见。关于建立联合国的建议，也是由罗斯福总统第一次在德黑兰会议上提出的，得到了英国和苏联的同意。

德黑兰会议是在第二次世界大战中的一次极其重要的会议，对大战的进程和结局产生了重大的影响。通过德黑兰会议，苏、美、英三大国在对德作战中一致行动和战后继续合作方面达成了共识，使得三大国之间在重大问题上长期存在的基本矛盾和分歧得到了解决。德黑兰会议拟订的反法西斯统一战线共同打击德国的作战计划，对 1944 年在欧洲取得反法西斯战争的决定性胜利起了巨大的推动作用。但是，德黑兰会议也反映出大国主宰国际事务的强权政治，对以后的国际形势产生了消极的影响。

98. 世界经济新格局

——布雷顿森林体系的形成

为重建二战后的经济秩序，推动国际间的经济合作和促进全球经济问题的解决，1944 年 7 月，参加筹建联合国的 44 个国家的代表，在美国新罕布什尔州布雷顿森林市召开了国际金融会议，讨论重建国际货币制度。

会议上通过了《国际货币基金组织协定》，因会议在布雷顿森林市召开，故被称为布雷顿森林体系，根据会议协议条款还产生了维持布雷顿森林体系运行的机构——国际货币基金组织(IMF)。

布雷顿森林体系的核心内容是：美元与黄金挂钩，其他各国货币与美元直接挂钩，并通过美元与黄金间接挂钩。究其实质，布雷顿森林体系是以美元为中心，对于其他国家的货币来讲，实际上是一种"三点一线"(即本国货币美元黄金价格)式的固定架构。

布雷顿森林体系的特点是：①美元与黄金挂钩，确定一盎司黄金等于 35 美元，各成员国的政府或中央银行可以随时用美元按上述价格向美国兑换黄金；②其他成员国的货币与美元挂钩，与美元建立固定的比价关系；③各国不得随意变动本国货币与美元的比价，一般只能在法定汇率上下 1% 的范围浮动，各国政府或中央银行有义务干预汇率市场，以维持汇率的稳定，若变动比价须与国际货币基金组织协商和经国际货币基金组织同意。

1944 年布雷顿森林会议

布雷顿森林体系的主要协定内容包括:①建立一个永久性的国际金融机构,即成立国际货币基金组织,以促进国际货币合作。②规定了以美元作为最主要的国际储备货币,实行美元—黄金本位制。③国际货币基金组织向国际收支赤字国提供短期资金融通,以协助其解决国际收支困难。④废除外汇管制。⑤制订了稀缺货币条款。

布雷顿森林体系是二战后美国实施霸权战略的产物,它的形成标志着美国资本主义世界霸主地位的基本确立,为维护和巩固美国的霸权及发动对苏联、东欧社会主义国家的冷战创造了极为有利的条件。在此背景下,美国的“软霸权”更为突出。美国利用货币金融权力对其他国家进行货币战、金融战,成为当代国际关系的重要特点。战后美国是世界惟一的经济超级大国,它几乎拥有全世界的黄金储备,从而有足够的黄金来保障这个构架系统保持相对的稳定;另一方面,各国货币与美元间的汇率保持相对固定(波动幅度很小),这样,使得布雷顿森林体系在战后相当长一段时间里能平稳运行。

然而,这种国际货币体系的致命弱点在于它的单一化和僵硬化。事实上,随着美元在世界范围内流通规模日益增大,欧洲国家官方持有美元其规模已经大大超过美国的黄金储备总值,美元的统治地位因而受到威胁。又由于固定汇率制无法及时、灵活地反映各国经济发展的实际情况和货币供求的变动趋势,由于美国经济发展的停滞和通货膨胀的不断攀升,日本、西德等国经济实力的迅速增强等原因,使得日元和西德马克等货币的实际价值相对美元上升,同时黄金价格也随黄金供求关系变化而变化,难以继续与美元保持固定的比率。这种由于“支点”两边“力矩”的大幅度变化,最终导致了“固定线”的扭曲,并于20世纪70年代初彻底“折断”,布雷顿森林体系宣告解体。

99. 确立战后世界的新格局

——雅尔塔会议

第二次世界大战进入后期,苏联和英、美等国军队从东西两线向德国本土推进,德国法西斯败局已定。在远东和太平洋地区,日本法西斯军队尚在负隅顽抗。为了协调盟国关系,商讨最后击败德、日的计划及研究如何处置战败的德国,安排欧洲事务和战后和平等重大问题,盟国决定召开会议,对这些问题进行商讨并提出解决办法。

1945年2月4日~11日,苏、美、英三国政府首脑在苏联克里米亚半岛雅尔塔举行国际会议,亦称克里米亚会议。参加会议的有苏联人民委员会主席斯大林、美国总统富兰克林·罗斯福和英国首相丘吉尔以及三国外交部长、参谋长和顾问们。经过讨论,会议发表公报,签订了《雅尔塔议定书》和秘密的《雅尔塔协定》。

知识链接

雅尔塔会议背着中国政府作出的有损中国领土和主权的决定，是大国沙文主义和强权政治的表现，更是绥靖政策又一次发展到高潮的标志（见远东慕尼黑阴谋）。同时也通常被看成冷战的标志。

在雅尔塔会议上,三国决定组织力量,彻底击败德国;战后扫除一切纳粹分子,消灭德国法西斯主义,防止法西斯东山再起;一致同意重新确定战后欧亚的政治版图,重划法西斯战败国及其被占领地区的疆界,对德国实行分割政策,战后德国由苏、美、英、法分区占领。后来苏联占领区建立了民主德国,美、英、法占领区成立了联邦德国;关于向德国索赔问题,英、美同意苏联提出的"战争赔偿总额为290亿美元,其中50%归苏联"的建议。三国领导人就对日作战条件达成协议并签了字。美、英认为非洲、拉美及亚洲很大一部分地区理所当然是西方势力范围,所以会上没有涉及。

雅尔塔会议三巨头

第二次世界大战给人类带来了空前的灾难,反法西斯阵营中的巨头们认为有必要在战后成立一个强有力的世界性国际组织来维护和平,充当世界警察的角色,决定战后建立联合国。

雅尔塔会议是苏、美、英三国在战时所举行的最重要的一次首脑会议,它确定了最后歼灭德国和以同盟国的联合力量打败日本的战略方针,作出了一些符合各国人民要求建立民主和持久和平愿望的决定,为联合国的最终建立奠定了基础。但它在一定程度上确立了美国在资本主义世界的霸权地位,有利于美国在全球的霸权扩张,有利于美、苏的称霸和争霸。战后一系列重大国际争端都直接或间接地和这一体系紧密相关。美、苏双方都力图保护和发展有利于自己的势力范围,这为战后世界以美、苏两极为主导的战略格局奠定了基础。因而后来人们习惯上称这种格局为雅尔塔格局或雅尔塔体系。总的来说,雅尔塔会议协调了反法西斯盟国彻底打败德、日侵略者的军事行动计划,而且就如何处置战败国及建立战后世界和平秩序等问题作出了一系列重大决定,它对于巩固反法西斯联盟、推动反法西斯战争的最后胜利起到了重要的作用。

100. 攻克柏林

——纳粹德国的覆灭

柏林是德国的政治、经济、军事中心和重要的交通枢纽,也是法西斯的最后巢穴,歼灭德军、攻占柏林必然意味着德国的灭亡和欧洲战争的结束。

1945年2月苏、美、英三国举行的雅尔塔会议确定，苏军与盟军对德国的占领以易北河为界，易北河以东由苏军攻占，这就意味着苏军将承担攻克柏林的任务。攻克伯林是赢得反法西斯战争胜利的重要标志，因此，虽然苏、美、英三国有约在先，但离开风景秀丽的雅尔塔到了硝烟弥漫的战场上，没有人能阻挡喜欢出风头的蒙哥马利元帅进攻的脚步。此刻，苏联大军还没出动，蒙哥马利指挥的英军已经从易北河以西冲到通往柏林最近的道路上；而跨过了莱茵河的美军也在向东急速挺进，其前锋已在易北河开辟了直指柏林的登陆场。在莫斯科密切关注着德国战场局势的斯大林发现，当德军溃败时，他们更愿意向盟军投降。当时在德军中流传着这样一句话：向东死死地顶住俄国人，直到西边来的英国人踢着我们的屁股。

值此关系到东西方战后政治利益分配的关键时刻，盟军最高指挥官艾森豪威尔将军致电莫斯科，阐明盟军的军事行动仅限于切断德军南北的联系。这等于告诉莫斯科，同时也告诉了蒙哥马利，盟军并没有攻克柏林的打算。丘吉尔愤怒地指责艾森豪威尔根本不懂政治，斯大林明白丘吉尔为什么发火。苏军决定提前发起攻

苏军攻克柏林

克柏林的战役。

1945 年 4 月 15 日，苏军打响了攻克柏林的战役。及至 4 月 18 日，苏军全线突破了德军的奥德河、尼斯河防线，并以 250 万人、4 万多门火炮、6 000 多辆坦克、7 000多架飞机之巨大兵力，对柏林形成了围攻之势。

4 月 26 日，苏军向柏林发起总攻。苏军的坦克车一辆接一辆地碾过柏林的大街小巷，炮筒向每一个射出子弹的窗口猛烈轰击。柏林城中的 250 万幢建筑所剩无几地化为了满城的瓦砾。4 月 30 日，苏军攻入波茨坦广场，离希特勒藏身的总理府仅隔一条街了。1945 年 4 月 29 日，在苏军占领德国总理府的前一天，令世界上无数家庭毁于战火的希特勒和爱娃结婚了。下午 3 点 30 分，希勒勒和爱娃服氰化钾毒丸自杀。希特勒在吞入第二粒毒丸后，用手枪向自己的太阳穴开了一枪。10 分钟后，侍卫们将希特勒和爱娃的尸体拖出暗堡，放进总理府花园被炸开的一个弹坑中，倒上汽油烧了。1945 年 4 月 30 日 21 时 50 分，苏军叶戈罗夫中士和坎塔里亚下士在德国首都柏林国会大厦的圆形拱顶上升起了苏联国旗。

柏林被攻克五天之后，德军海军元帅邓尼茨派德军作战部最高指挥官约德尔上将去法国的兰斯，向艾森豪威尔将军所率领的盟军无条件投降。斯大林知道后说，这不过是德国投降签字仪式的一次预演。斯大林要求德军必须向为攻克柏林付出巨大牺牲的苏军投降。第二天，在德国东部一所军事学院的饭堂里，午夜 24 时，德国正式向苏、美、英、法四国投降，苏军朱可夫元帅主持了德国投降签字仪式。

在攻克柏林的战役中，苏军共消灭德军 70 个步兵师、23 个装甲师和摩托化师，俘虏德军 48 万人，几乎每三个德军中就有一个人被苏军俘虏。战后，艾森豪威尔说，他之所以将柏林让给苏军，是因为他知道柏林一役将使盟军付出 10 万士兵的生命。确实，从攻克柏林的战役打响，到德国宣布投降，在仅仅持续了 18 天的战斗中，苏军死伤达 30 多万人，平均每 8 个苏军官兵中就有 1 个人倒在攻克柏林的道路上。

101. 旧金山会议

——联合国的成立

联合国是在全世界反法西斯战争的艰苦岁月里孕育起来的，雅尔塔体系中的一个重要内容就是建立联合国组织。1942 年 1 月 1 日，美、英、苏、中等 26 个国家签署了共同反对法西斯的《联合国家宣言》，提出联合国家的目标不仅是打败共同的敌人，而且要建立一个拥有“广泛而永久的普遍安全制度”的世界秩序。

知识链接

联合国系统（United Nations System）是一个比法律意义上的联合国组织更大的国际组织体系，包括联合国和与其有特殊联系的一些独立的政府间国际组织（如联合国专门机构）等外围机构。

经过盟国的准备和酝酿，1945 年 4 月25 日~6 月 26 日，联合国家国际组织会议在旧金山举行,有 50 个国家 282 名代表出席会议。美、苏、英、中的首席代表分别是斯退丁纽斯、莫洛托夫、艾登和宋子文。除出席会议的各国代表 282 人外,还有 1 500 多名顾问、专家、秘书和随行人员。这是世界外交史上一次空前规模的会议,史称“旧金山会议”。

6 月 25 日,全体会议一致通过《联合国宪章》。6 月 26 日,代表们在旧金山退伍军人纪念堂举行签字仪式。参加签字的有 50 个国家的代表,后来波兰代表也在宪章上签了字。这 51 个国家被称为联合国的创始会员国。6 月 26 日被定为“宪章日”。10 月 24 日,美、苏、英、法、中五大国和其他多数签字国递交批准书后,宪章开始生效,联合国正式成立。这一天后来被定为“联合国日”。

出席旧金山会议的中共代表董必武在文本上签字

联合国是战后以来最大、最有影响的世界性国际组织。根据《联合国宪章》规定,联合国的宗旨是:“维持国际和平及安全”;“发展国际间以尊重人民平等权利及自决原则为根据之友好关系”等。联合国及其会员国应遵守的基本原则是:“各会员国主权平等”;“各会员国在其国际关系上不得使用威胁或武力”;不干涉“在本质上属于任何国家国内管辖之事件”;“以和平方法解决国际争端”等等。到 1995 年联合国成立 50 周年时,共有会员国185个,其中发展中国家已超过100个。

联合国的主要机构有六个:大会、安全理事会、经济及社会理事会、托管理事会、国际法院和秘书处。联合国总部设在纽约,日内瓦设有欧洲办事处。大会由全体会员国组成,每年定期举行一届常会。大会有权讨论宪章范围内的任何问题或事项,并向会员国和安理会提出建议。安理会是联合国负责维持国际和平与安全的主要机构。它有权调查和调解任何国际争端;有权判断威胁、破坏和平的行为或侵略的行动,拟定军备控制制度,向联合国大会推荐新会员和秘书长等等。安理会的行动是以"五大国一致"为基础的。经济理事会每年举行两次会议,研究国际经济、社会、文化、人权、教育、卫生等问题。

中国政府代表参与制定《联合国宪章》

托管理事会是联合国负责实施国际托管制度的机构,适用于国际托管制度的地区是大战结束时尚未独立的前国际联盟委任统治下的地区和二战后割自敌国的地区。国际法院是联合国的司法机关,设在荷兰海牙。它由大会和安理会选举出来的15名不同国籍的法官组成。秘书处负责处理联合国的行政秘书事务,设秘书长一人,为联合国的行政首长,任期五年。

联合国历任秘书长:

赖伊,挪威人,任期:1946—1953年

哈马舍尔德,瑞典人,任期:1953—1961 年

吴丹,缅甸人,任期:1961—1971 年

瓦尔德海姆,奥地利人,任期:1971—1981 年

德奎利亚尔,秘鲁人,任期:1982—1991 年

加利,埃及人,任期:1992—1996 年

安南,加纳人,任期:1997—2006 年

潘基文,韩国人,任期:2007—

102. 广岛上空的蘑菇云

——日本投降

当德国法西斯以失败宣告自己命运的结束时,日本——这个法西斯阵营中最后的一枚孤子,仍不愿接受战败的结局。就在它负隅顽抗,准备“焦土作战”时,一场前所未有的灾难终结了它的妄想。

1945 年 8 月 6 日早晨,广岛市晴朗无云,气候闷热,人们像往常一样生活和工作,7 点 9 分,警笛拉响了,天空中飞来几架美国侦察机,转了几圈后飞走了。8 点整,警笛又拉响了,三架美国 B—29 轰炸机飞临广岛上空。广岛市民因为天天听警报,已经习以为常。殊不知,震惊世界的大灾难已经降临到他们头上。三架美国飞机中的一架由高空俯冲下来,一颗五吨重的原子弹在广岛上空 600

广岛原子弹爆炸图

米处爆炸，伴随着巨大的声响和刺眼的闪光，爆炸产生的强烈冲击波摧毁了一切。广岛市当时共有建筑物7万多幢，原子弹的爆炸一下子就摧毁了48 000多幢。原子弹放出的十亿度的高温，使得当场被烧死的居民就有13万～14万。许多人被烧成灰烬，许多人断臂断腿，焦头烂额，上万居民被烧掉了双眼；还有的人当时觉得没受什么伤，但是，他们却遭到原子雨的核辐射，在以后几年中相继死去。据统计，当时广岛市有居民24万人，在这次灾难中，死伤人数达到22万人左右。

第二天，美国总统杜鲁门在电台的讲话中宣布："16小时以前，一架美国飞机向日军重要基地广岛投放了一颗原子弹，这颗原子弹的威力比2万吨梯恩梯炸药的威力还大。它的爆炸力相当于英国'大满贯'爆炸力的2 000多倍，是战争历史上迄今为止所使用过的最大的炸弹。"在杜鲁门发表演讲的

知识链接

1945年9月2日上午，日本东京湾，晴空万里，碧波无垠。美国战列舰"密苏里号"迎来了一个庄严的时刻。9时许，日本新任外相重光葵和日本参谋总长梅津美治郎代表日本政府在投降书上签字。随后，接受投降的同盟国代表：盟军最高统帅麦克阿瑟上将，美国尼米茨海军上将、中国徐永昌将军、英国福莱塞海军上将、苏联杰列维亚科中将，以及澳大利亚、加拿大、法国、荷兰、新西兰等国的代表依次签字。

第二天，即 8 月 8 日，苏联出兵，分三路向中国东北、朝鲜北部挺进，从库页岛北部向南发起进攻，与中国人民一起歼灭了号称“80 万精锐”的日本关东军。除苏联从陆路进攻外，英国的太平洋舰队在 6 天时间内航行 4 万千米后也加入了美、苏海军对日本的日益猛烈的进攻。8 月 9 日，美国又在长崎投下了第二颗原子弹，结果造成了与广岛一样的损失。

在此情况下，日本政府于 9 日召开御前会议，10 日 2 时半裕仁天皇同意了由首相铃木贯太郎和外相东乡茂德提出的建议，通过瑞士、瑞典向美、英、苏、中等国发出接受《波茨坦公告》、准备投降的照会。对此，四国通过瑞士答复：“自投降之时刻起，日本天皇及日本政府统治国家之权利，须听从盟国最高统帅之命令。”14 日夜，日本通过瑞士向四国发出回复。15 日，裕仁天皇广播了结束战争的《诏书》，宣布日本投降。9 月 2 日，日本政府在美军“密苏里”战舰上签署了协议，二战就此结束。

103. 浩劫与辉煌

——“二战”胜利的意义与影响

第二次世界大战是全世界民主力量与妄图称霸、奴役世界的法西斯主义之间展开的殊死搏斗。苏联、美国、英国和中国等近 50 余国结成的伟大的反法西斯联盟，相互扶持，共同奋斗，终于打败了从德国和日本为首的法西斯国家。这场大战是迄今人类历史上规模最大、损失最为惨重的一次战争，在6年时间里，先后有60多个国家和地区，世界上4/5的人口卷入了战争的漩涡。战火燃遍欧洲、亚洲、非洲、大洋洲和太平洋、印度洋、大西洋、北冰洋，作战面积2 200万平方千米，参战双方动员兵力达1.1亿人，因战争死亡的军人和平民超过1亿人，直接军费开支达1.3万亿美元，占交战国国民收入的60%～70%，参战国损失物资总值达4万亿美元。以二战的两大主战场苏德战场和中国战场为例。苏联在“二战”中的军事伤亡达6 000万人以上，死亡2 700万人，其中苏联红军牺牲866.84万人，物资损失达6 790亿卢布（以战前一年比价计算），在参战国蒙受损失的总量中占41%。在8年的抗日战争中，中国军民伤亡达3 500多万人，直接和间接的经济损失达5 000多亿美元。

然而，法西斯国家在侵略战争中也给自己带来了巨大的灾难。据统计，德国在战争中死亡和被俘的人数达1 360万人，其中1 000万人损失在苏德战场上。在本土上，约有400万平民死于战火，1 400万人无家可归。日本在中国战场上死亡人数为150万人，在太平洋战场上为124.7万人。据经济安定本部调查，由于飞机轰炸和军舰炮击而死伤的日本人达64万，失踪的为2万余人。据战争复兴院调查，因空袭而遭到破坏的城市有119座，烧毁房屋240万户，受灾人数880万人，国家财产损失达643.92亿美元。

同时，第二次世界大战显示了以经济实力为主要方面的综合国力的决定作用。反法西斯同盟之所以获胜，最根本的原因在于它的经济实力远远超过了法西斯轴心国。战前，德、日等国走军国主义发展道路的国家，虽然在30年代对外扩张显赫一时，但终究逃脱不了失败的命运。从整个“二战”的进程中我们可以发现，这次战争是人类历史上钢铁战争的开始，没有良好的经济结构的国家，没有充足资源储备的国家，是难以打赢这种战争的。

第二次世界大战也给世界人民带来了新的曙光。“二战”的惨痛教训，使得世界人民认清了自20年代以来叫嚣的法西斯主义的真实面目。各种大规模杀伤性武器的运用，特别是核武器的使用使得世界各国人民对于民主与和平的呼声越来越强烈。特别是新能源的开发和利用，成为各国增强本国综合国力的基础，可以说，由于新能源的利用和人民对自由与和平的渴望，像“二战”这样的世界大战应该不会再上演了。如果还有的话，“那么下次大战使用的武器将是石头”（爱因斯坦语）。

“二战”

“二战”同时也给自20年代以来陷入危机的资本主义经济制度带来了新的转机。由于战时国家对经济的控制与改革，不但使资本主义经济基础与上层建筑之间的矛盾得以缓和，而且还将资本主义制度推到一个新的阶段。战后资本主义国家的经济得到飞速发展。

“二战”打破了近代以来形成的以欧洲为中心的国际关系格局。德、意的战败和英、法的削弱，使整个欧洲分裂为东、西两部分,欧洲列强主宰世界的时代结束了。德、日法西斯失败后所形成的权利真空地带,由兴起的美、苏两国迅速填补,从而造成了“冷战”时代的到来。

战争同时引起了革命。中国、朝鲜、越南和东欧国家的人民在反法西斯战争胜利的基础上建立了人民民主政权,走上了社会主义道路,形成了新的社会体系与国际阵营。同时,广大的第三世界人民也开展了波澜壮阔的反殖民运动,为争取民族解放而奋斗。

《世界文明之旅》改编后记

《新编世界史话》2008 年 10 月(由天津科学技术出版社)出版后产生了较大的反响,但当时限于条件只能印成上、下两册,对发行有一定的影响。这次在芦军、郑东红等先生的帮助下重新改编,不仅按政治、经济、军事、科技、文艺、思想、外交 7 册各自独立成卷,前期计划出版 4 册,而且对文字进行了加工提炼,选配了插图,调整了版式,由天津科技翻译出版公司以《世界文明之旅》的名称出版。同时,本丛书被继续指定为天津社会科学普及周用书,天津社会科学界联合会党组书记李家祥教授还在百忙之中为本丛书作序,这就使《新编世界史话》和由它改编成的《世界文明之旅》累计印数超过了 12 000 套,较好地创造了两个效益,而且成为更适合于青少年及大众阅读的历史科普读物。

对于各方面所给予的大力支持,在此我谨代表本丛书的 40 几位作者表示由衷的感谢和敬意。

徐　勇

2010 年 6 月于天津